BREVE HISTORIA DE LOS BORBONES ESPAÑOLES

BREVE HISTORIA DE
LOS BORBONES ESPAÑOLES

Juan Antonio Granados Loureda

nowtilus

Colección: Breve Historia
www.brevehistoria.com

Título: Breve historia de los Borbones españoles
Autor: © Juan Antonio Granados Loureda
Director de colección: José Luis Ibáñez

Copyright de la presente edición: © 2010 Ediciones Nowtilus, S.L.
Doña Juana I de Castilla 44, 3º C, 28027 Madrid
www.nowtilus.com

Diseño y realización de cubiertas: Onoff Imagen y Comunicación
Diseño del interior de la colección: JLTV

ISBN-POD: 978-84-9763-944-6
Fecha de edición: septiembre 2010

Printed in Spain

Índice

Prólogo 11

Introducción 15
    La cuestión dinástica, la guerra
    de Sucesión y los tratados de Utrecht 25

Capítulo 1: Felipe V (1700-1746) y
Luis I (1724) 29
    El impacto de la dinastía borbónica;
    nuevos usos y nuevas maneras 29
    La Nueva Planta 33
    Viudedad de Felipe V y segundo matrimonio
    con Isabel de Farnesio, la *Brava Donna* 36
    Luis I, el rey que no fue 43
    El segundo reinado.
    La neurosis maniaco-depresiva del rey.
    Carlo Farinelli, ¿cantante o taumaturgo? ... 44
    Los últimos años del rey 50

Capítulo 2: Fernando VI (1746-1759),
la amable neutralidad 53
    Por fin rey, «paz con Inglaterra
    y guerra con nadie».............................. 56
    Los proyectos del marqués de la Ensenada,
    la inusitada actividad de un espíritu inquieto.
    Economía, ciencia y espionaje.................... 58
    Los últimos años, entre «la escuadra
    del Tajo» y el triste final
    en Villaviciosa de Odón........................... 63

Capítulo 3: Carlos III (1759-1788),
el despotismo ilustrado............................ 73
    Notas sobre el reinado napolitano 75
    Rey de España.................................. 77
    Retrato del rey benevolente...................... 79
    El primer reformismo carolino.
    El motín de Esquilache.......................... 83
    Los buenos años, Aranda y Campomanes.. 87
    El crepúsculo feliz: los tiempos
    de Floridablanca................................ 89
    Años finales 92

Capítulo 4: Carlos IV (1788-1808).
Crisis y revolución 95
    Tiempos de revolución 100
    Hijo contra padre; las vergüenzas
    de Aranjuez y el bochorno de Bayona........ 104
    España en guerra............................... 108
    Años de exilio................................. 114

Capítulo 5: Fernando VII (1808; 1813-1833).
Liberales y absolutistas 119
    Los complejos de un futuro rey................. 119
    Valençay....................................... 124
    La Restauración fernandina.
    Serviles y liberales 127

El Trienio Constitucional 132
La Década Ominosa......................... 136
El fin del reinado, la ley sálica
y el problema carlista 139

Capítulo 6: Isabel II (1833-1868).
«La de los tristes destinos»......................... 143
Fin de la primera guerra carlista y el exilio
de María Cristina. Isabel II, reina de España 148
Isabel II, reina de España......................... 153
Aquel extraño matrimonio 154
Amoríos y penitencias 156
Construyendo el Estado liberal.
Del «episodio Olózaga» al moderantismo.. 160
La revolución tranquila y
la Unión Liberal (1854-1868) 162
«Cuando los españoles
conquistaron Vietnam» 163
Revolución y exilio......................... 165

Capítulo 7: Alfonso XII (1874-1885) 169
Alfonso, de infante a exiliado 169
Plácidos años de educación......................... 171
Camino de retorno 176
La Restauración alfonsina......................... 179
Las limitaciones del sistema:
«turnismo» y caciquismo......................... 182
Un reinado prometedor......................... 184
Dos bodas reales 189
Una monarquía efímera......................... 192

Capítulo 8: Alfonso XIII (1886-1931).
Crónica de un fracaso......................... 195
Notas sobre la regencia de
María Cristina de Habsburgo 196
La guerra de Cuba y la crisis de 1898........ 198
Infancia y juventud del rey......................... 202

Boda y tragedia 204
La crisis del sistema de la Restauración 210
Años de hierro 211
Dictadura y crisis de la monarquía 216
El exilio 220

Capítulo 9: Juan Carlos I (1975-) 225
Notas en torno a Juan de Borbón,
conde de Barcelona (1913-1993).
Historia de una frustración. 225
Estoril. La vista puesta en España 233
Juan Carlos, de «don Juanito»
a aspirante a la Corona de España 243
Camino del trono 256
Rey de España... 258

Bibliografía general 271

Bibliografía específica 273

Prólogo

Para los españoles que acababan de enterrar a Franco la proclamación de Juan Carlos I no evitaba la incertidumbre histórica: otra vez los Borbones. Para unos, el rey era Juan Carlos I el Breve; para la mayoría, el símbolo del *fatum* hispano; uno mandaba, los demás obedecían y además todos eran apolíticos. Franco lo puso ahí y... ahí estaba. ¿Hasta cuándo?

Lo que los españoles no se planteaban en 1975 es que, en esta dinastía histórica, ese clima de incertidumbre al llegar al trono el príncipe no solo no era novedoso, sino que constituía casi una constante histórica. Y no solo en España; también en la cuna de la dinastía, la Francia del siglo XVI, pues como recuerda Juan Granados, «todo comenzó un 25 de julio de 1593 en París con una apresurada conversión al catolicismo». Luego llegarían regicidios, minorías tuteladas, una revolución —la Fronda— y un rey joven, Luis XIV, que desde el primer día hizo saber que mandaba él, solo él: *ad legibus solutus*. Se acabó la incertidumbre... hasta 1789.

En España, sin embargo, desde que llegó el primer Borbón en 1701, las *transiciones sucesorias* fueron, todas, partos difíciles que obligaban a los reyes en sus primeros momentos a ser (como mínimo) *animosos*. Y es que a pesar de la ley de la continuidad que rige la monarquía hispánica, un rey nuevo siempre es un riesgo (a veces incluso para el rey viejo, como pudo comprobar Carlos IV, padre), un enigma (la reina viuda Isabel Farnesio no se esperaba tanto desprecio de Fernando VI, ni Bárbara tanto amor), una ruptura (Carlos de Borbón... y sus carlistas), una molestia (Alfonso XII, niño, padre de «la menor cantidad posible de rey», en palabras de Sagasta), un problema (Isabel II, niña y...), un «desastre sin paliativos» desde 1926 (Alfonso XIII, el rey que abandona), o una solución a cuarenta años de iniquidad (Juan Carlos I). Es posible que, como dice Juan Granados, todo sea por la «proverbial supervivencia borbónica». Los Borbones «renacen siempre de sus cenizas».

Juan Granados es el valiente autor de este libro, cuya importancia se debe antes de nada a su honestidad intelectual, la virtud previa a la conquista de la objetividad histórica, que es lo que necesariamente ha de presidir un libro sobre los Borbones a estas alturas. Y eso es lo que le salva, a él y al libro, ahora que la opinión sin pruebas —el vocerío mediático—, el cinismo de las distintas lecturas de la historia, los revisionismos interesados políticamente arrinconan a la demostración histórica (y desde luego, a la verdad). Los Borbones, la dinastía reinante, y sus vástagos están hoy, una vez más, en todos los sitios... menos en los libros de historia. Que yo recuerde, el último intento serio de una historia de los Borbones data del 2000 (por cierto, la colección recoge la última obra *histórica* sobre Juan Carlos I, la del llorado Javier Tusell). Por eso, este libro, diez años después, tiene, si cabe, más interés.

Juan Granados es un catedrático de Historia de instituto —por tanto, un servidor público— que por contradecir a tantos que arremeten contra *esos funcio-*

narios paniaguados —¡y luego pretenden que eduquen a sus hijos!— ha dado todavía más de lo que le piden (lo que no es excepcional en este *cuerpo* benemérito). Es lo que decía Campomanes de los arbitristas: «nada quieren para sí; todo lo dan a los demás». Los catedráticos como Granados enseñan dentro y fuera; por eso, ha escrito una *historia de Ferrol*, una *historia de Galicia* y una *historia de España*. El ciclo completo: local, regional, nacional. No se puede decir de Granados que viva bajo el plácido beneficio que da la cátedra vitalicia, las dos horitas diarias de clase.

Pero, además, Granados ha escrito tres novelas, por supuesto novelas históricas, una de ellas excepcional: *Sartine y el caballero del punto fijo* (Edhasa, 2003). Sus novelas son casi como textos históricos —algo así le ocurre a *El Hereje* de Delibes—, mientras que sus textos históricos están tan bien escritos que se leen como una novela, como es el caso de este libro. Pues este es ante todo un libro bien escrito.

Juan Granados, en fin, ha hecho un nuevo acto de servicio: ha escrito este libro sobre la dinastía reinante para que usted, lector, disfrute relajadamente del incontestable decurso que los hechos históricos producen en esa dicotomía rey-reino que mantenemos los españoles desde hace siglos. Como es previsible que en poco tiempo volvamos a la incertidumbre, al vértigo de las transiciones sucesorias en la *domus regia*, el lector tiene en este libro un compendio de datos y argumentos sólidos para terciar en lo que, hoy como ayer, seguirá siendo un hábito tan español como los toros y el fútbol: manifestar, alto y claro, qué piensa uno de los Borbones, con o sin datos (eso es lo de menos, claro). Lesa Majestad, sí, pero también —y a veces incompatible— leso pueblo español. Veremos si ese pueblo que se hizo «juancarlista» —sobre todo tras el 23F—, también se hace «felipista» algún día y revive así el viejo arcano que permite la «proverbial supervivencia» de un símbolo tan hispano como la monarquía… ¡en un país que desde hace mucho tiempo añora una república bien gobernada!

José Luis Gómez Urdáñez
Catedrático de Historia Moderna.

Introducción
«París bien vale una misa». Orígenes de la casa de Borbón

El apellido Bourbon o, en España, Borbón procede del topónimo de un lugar: el castillo *Bourbon-l'Archambault*, situado en el departamento francés de Auvernia (distrito de Moulins), por ser esta la casa matriz de todos los nobles de esa estirpe que, según cuentan los genealogistas, descienden de una rama secundaria de los Capetos, dinastía que gobernó Francia entre los años 987 y 1328. Los Borbones vivieron sometidos al arbitrio de la dinastía de los Valois, reinante en Francia desde 1328 hasta la extinción de la rama masculina de esta casa en 1559. El origen del éxito inusitado que obtuvo la prolífica casa de Borbón hay que buscarlo, precisamente, en la imparable decadencia de los Valois y en una decisión afortunada: el casamiento de Antonio, duque de Borbón (1537-1562), con Juana de Albret (heredera de la casa de Navarra), para convertirse nada menos que en rey de Navarra. De este modo, una dinastía nobiliaria más bien rústica y de mediano pasar ingresaba con fuerza inusitada en la «gran historia» de Francia.

Vista del castillo-matriz de los Borbones en Moulins,
hoy una ilustre ruina en su mayor parte.

Muy pronto la suerte se iba a aliar con el flamante rey de Navarra, cuando Enrique II de Francia muere prematuramente en 1559, dejando el trono vacante y el gobierno de Francia en las tenebrosas manos de los duques de Guisa y la reina viuda Caterina de Médicis. El duque de Borbón, como jefe de todos los hugonotes (protestantes) franceses, se les enfrentará violentamente con el objetivo de hacerse con la corona del reino más populoso de Europa. Francia, convulsa por las crueles guerras de religión, se muestra generosa con la casa de Borbón. En el transcurso de las hostilidades, mueren los tres hijos de Enrique II, la rama masculina de los duques de Guisa y la propia regente; dejando el camino libre para que el tercer hijo de Antonio de Borbón, Enrique III de Navarra, ocupe el trono bajo el nombre de Enrique IV. Claro que no todo iba a ser tan sencillo, las puertas de París no se abrieron para Enrique de Navarra hasta que este, haciendo buen acopio del pragmatismo que desde entonces aparecerá como el rasgo más caro a la dinastía, decidió abrazar la fe católica, repudiando la doctrina protestante con aquel «París bien vale una misa» —en alusión a que el trono de Francia bien merecía su conversión al catolicismo—, que ha quedado para la historia como uno de los mejores ejemplos de praxis política, situado apenas unos pasos por detrás de las triquiñuelas pergeñadas en *El Príncipe* de Maquiavelo. Un gesto que, previamente enfatizado con su deseo de que todos sus súbditos pudiesen disfrutar de «puchero de gallina» todos los domingos y la promulgación del clemente Edicto de Nantes (1598) que abría un fértil periodo de tolerancia religiosa en Francia, valió una corona y sentó las bases para el establecimiento definitivo de la dinastía real más poderosa de la historia europea. Con todo, a Enrique IV no le valió su buena visión de las cosas para evitar su extraño asesinato por el aún más extraño François Ravaillac, claro que el mero relato de lo que

François Ravaillac, asesino de Enrique IV de Borbón.
Ravaillac era un oscuro personaje, convencido de que Dios
le había encomendado acabar con el protector
de los hugonotes.

la justicia hizo con su asesino apuntaba con claridad nuevos usos y nuevas costumbres para una monarquía que primero quiso ser ejemplo de sujeción y luego, simplemente, absoluta:

> Ravaillac sufrió tormento durante tres días, luego fue conducido a la plaza de la Grêve. Allí se le arrancaron las tetillas y otros trozos de su carne con tenazas, fue quemado en diversas partes del cuerpo (pecho, caderas y piernas) con hierros al rojo vivo. La mano que había empuñado el puñal homicida fue abrasada con azufre ardiendo y en las heridas y las quemaduras se vertió una mezcla de plomo derretido, aceite hirviendo y resina ardiente. Una vez terminado esto, se le ató de manos y piernas a las colas de cuatro caballos y fue desmembrado. Sus miembros fueron quemados y todo su cuerpo quedó reducido a cenizas.

Síntesis del: «Extracto de los registros del Parlamento de París relativos al proceso criminal realizado a Francisco Ravaillac después de que hubo cometido el regicidio del difunto rey Enrique IV, con el proceso verbal del tormento que se le aplicó y de cuanto ocurrió en la plaza de Grêve cuando su ejecución».

Desde entonces, los sucesores de Enrique IV se mostraron más bien poco proclives a transigir con el pueblo, adoptando, eso sí, posturas siempre paternales y a menudo taumatúrgicas que se evidenciaron tan eficaces para sus fines como para el engrandecimiento político y económico de su reino. El insustancial Luis XIII (1610-1643), sucesor de Enrique IV en la Corona, tuvo la desgracia de verse despreciado por las dos mujeres más importantes de su vida, primero por su madre María de Médicis y luego por su esposa Ana de Austria, hija de Felipe IV de España. No obstante, aquel rey ce-

Suplicio de Ravaillac en la plaza de Grêve de París.
Fue una ejecución de Estado, cuyo carácter ejemplarizante
se planificó hasta sus últimos detalles.

loso y suspicaz que inmortalizara, ya en el siglo XIX,
Alejandro Dumas en su saga de mosqueteros, tuvo, eso
sí, la buena estrella de poder rodearse de personajes
verdaderamente extraordinarios, maestros en el arte de
gobernar, cuyo principal exponente fue el cardenal Richelieu, padre, en muchos sentidos, de lo que se dio en
llamar «la razón de Estado» como credo antepuesto a
cualquier otro, léase confesión religiosa, pacto, tratado
o alianza. Richelieu implantó en Francia un modo de
gobernar novedoso y moderno, que pasaba por la cen-
tralización administrativa y la sujeción de los señores
feudales, dibujando de este modo los umbrales de lo
que muy pronto se iba a convertir en el absolutismo
del Rey Sol. Absolutismo más pretendido que real,
aunque si algún reinado europeo puede calificarse
como tal, ese fue sin duda el de Luis XIV (1643-1715),
abuelo y principal mentor de Felipe V, el primer Borbón español. Un abuelo, por cierto, de armas tomar,
más que capaz de recibir, según cuentan las crónicas, a
embajadores y plenipotenciarios extranjeros bien asen-
tado en su silla-retrete de Versalles. Él al menos tenía

una, sus cortesanos habían de contentarse con un simple montón de paja dispuesto tras un biombo en cualquiera de las salas del palacio; al fin, solo él era el ungido de Dios y la personificación del mitificado san Luis de Francia.

Al hilo de lo anterior y si repasamos desde sus comienzos las vicisitudes del larguísimo reinado de Luis XIV, podremos hallar más de una clave explicativa de las conocidas filias y fobias de los Borbones españoles, pues, como decíamos, el feliz reinado del «abuelo» Luis resultó ser referente principal y espejo en el que reflejarse para nuestros reyes dieciochescos, siempre por encima y a enorme distancia de las viejas tradiciones de la monarquía hispánica que habían heredado de los Austrias. Y esto es así tanto en los rasgos externos más visibles, por ejemplo la construcción por Felipe V de «su» pequeño Versalles en La Granja de San Ildefonso, como en los usos de gobierno que se pretendieron implantar con mayor o menor éxito.

Luis XIV vino al mundo cuando ya nadie le esperaba, sus padres sintieron tal gozo por la buena nueva que fue bautizado como *Louis-Dieudonné* ('Don de Dios'). La prematura muerte de su padre hizo que fuese proclamado rey con tan solo cinco años de edad, bajo la tutela de la regente, su madre Ana de Austria, y el control político del célebre cardenal Mazarino, fervoroso continuador de la obra de Richelieu. Mazarino despertaba tanto odio por el fuerte intervencionismo que desplegaba su gobierno que hubo de sufrir hasta dos Frondas (revueltas que tomaron su nombre de los tirachinas que utilizaban los rebeldes de París), la primera orquestada por el propio Parlamento de París, descontento con su pérdida de atribuciones a favor de la monarquía; la segunda comandada por nobles de prestigio que, como el príncipe de Condé, rechazaban el creciente intrusismo monárquico en sus territorios. A consecuencia de ello, el niño Luis tomó tal aprensión al po-

El sagaz cardenal Richelieu, artífice del Estado moderno
francés, retratado por su pintor de cámara
Philippe de Champaigne.

pulacho y a París que abandonó el Louvre para jamás volver, haciéndose construir Versalles, el palacio real más grande, célebre y ostentoso que vieron los tiempos. Un gesto que evidenciaba no solo su interés en hacer bien visible el poder real a ojos de su pueblo, sino, y sobre todo, la que sería su principal obsesión en el futuro: convertir a los levantiscos nobles en dóciles cortesanos y hacer que el gobierno de Francia reposase únicamente en sus manos, sin el concurso de parlamentos, corporaciones u otros elementos propios de la monarquía tradicional. Su célebre frase «El Estado soy yo» es, desde entonces, el mejor ejemplo de lo que entonces se entendía por poder absoluto. Tan cierto como lo anterior es el hecho de que el reinado de Luis XIV otorgó definitivamente a Francia un lugar preeminente en el concierto europeo, tanto en su faceta económica, con el desarrollo del mercantilismo orquestado por el sagaz Colbert desde la secretaría de Estado, como en lo político, donde la obtención para la casa de Borbón de la Corona española resulta ser uno de sus logros más visibles.

Cuando Felipe V escuche de labios de su exitoso abuelo cuáles deben ser los principios de gobierno que ha de seguir en España, tomará buena nota de ellos y no hará más que tratar de aplicarlos, tanto en la política edilicia o económica, como en sus deseos de simplificar y centralizar la compleja administración de la monarquía. Como veremos, cualquiera de sus primeras medidas tendrá siempre el marchamo de «lo francés» bien impreso en sus lomos. No en vano, el último y principal consejo de su abuelo había sido bien elocuente:

> Termino por uno de los avisos más importantes que le puedo dar. No se deje gobernar por nadie; sea el dueño. No tenga valido ni primer ministro. Escuche, consulte su consejo, pero decida.

Este retrato del Rey Sol, obra de Hyacinthe Rigaud (1701),
ha pasado a la iconografía popular como la más
fiel representación del absolutismo borbónico.

Dios le hizo rey; le dará las luces necesarias
mientras tenga una intención recta.

Luis XIV.
Instrucciones y avisos políticos
al duque de Anjou.

LA CUESTIÓN DINÁSTICA, LA GUERRA DE SUCESIÓN Y LOS TRATADOS DE UTRECHT

La esperable muerte sin descendencia del desdichado Carlos II supuso el inicio de la cuestión dinástica por la Corona de España, al disputarse el trono vacante entre los partidarios del archiduque Carlos de Austria y los que postulaban a Felipe de Anjou, nieto de Luis XIV. Ambos pretendientes poseían motivos dinásticos sobrados para aspirar a la Corona; Felipe, duque de Anjou, era bisnieto de Ana de Austria, hija mayor de Felipe III de España y nieto de María Teresa de Austria, hija mayor de Felipe IV de España. Por su parte, Carlos, archiduque de Austria y más tarde emperador del Sacro Imperio, el hijo menor de Leopoldo I de Austria, fruto del tercer matrimonio de este con Leonor del Palatinado, reclamaba el trono español por su abuela paterna, que era María Ana de Austria, la hija menor de Felipe III. Esto quería decir que en virtud de las reglas de sucesión, la candidatura francesa era superior, puesto que su pretendiente descendía de la hija primogénita de un rey de España. No fue esa, empero, razón suficiente para efectuar un acuerdo cordial entre los dos pretendientes, de forma que la guerra se hizo inevitable. Sobre todo porque tras la mera cuestión nominal se evidenciaba una cuestión mucho más compleja, la propia concepción de la monarquía. Si muchos vieron en el archiduque un claro continuador de la política general de la casa de Austria, tantos otros contemplaron al duque de Anjou como el encargado de establecer en España «peligrosas innovaciones» traídas allende los Pirineos. Y no les faltaba razón. El mismo «Hechizado» venía de confirmar en su testamento los fueros de los reinos y territorios extracastellanos (Navarra, Aragón, Cataluña, Mallorca, Valencia y las provincias vascas), renovando sus libertades, fueros y leyes particulares, en un intento de recomponer el distanciamiento con la Corona causado en tiempos de su padre Felipe III por la política de «Unión de Armas» del conde-duque de Olivares, que pretendía en esencia que aquellos reinos contribuyeran a las arcas del rey con algo más de lo que secularmente venían ofreciendo. Las revueltas de 1640 causadas en parte por estos intentos de homogeneización del esfuerzo bélico que tocaba, en opinión del conde-duque, en justicia a cada reino peninsular, supuso la independencia de Portugal y casi la de los reinos de la antigua Corona aragonesa. Una lección que los validos de Carlos II nunca olvidaron. Muchos suponían que si Felipe de Anjou accedía al trono, habida cuenta de lo sucedido en Francia, donde todo asunto público corría de la mano de los poderosos intendentes de Luis XIV, tenidos como los ojos y oídos del rey, trataría de unificar administraciones y cuerpos legislativos, considerando a España en la práctica como un reino único. No les faltaba razón: significativamente, cuando el Rey Sol aceptó el 6 de noviembre de 1700 el testamento de Carlos II a favor de su nieto, que entonces contaba solo diecisiete años de edad, nombró personalmente a Jean Orry como ministro principal en España y le encargó sin disimulos la reorganización de la política interior hispana, señaladamente la fiscal, bajo los presupuestos del centralismo francés. Hecho que causó la cólera de austriacos, alemanes e ingleses. La guerra era ya una realidad.

Así, en 1705 comienza la guerra de Sucesión, que se pretendía rápida y sencilla para el bando borbónico. Sin embargo, la captura del enclave estratégico de Gibraltar por el almirante inglés sir George Rooke, base de un conflicto aún hoy en día pendiente, mostró bien pronto que el problema iba a enquistarse y tomaría magnitudes de una verdadera guerra civil. De hecho, el levantamiento general de la Corona de Aragón contra Felipe V puso muy difíciles las cosas para el bando francés. Las razones de la postura austracista de Valencia junto con parte de Aragón, el reino de Murcia y la totalidad de Cataluña son complejas, pero todas tienen que ver con la prevención que suscitaba en estos territorios el conocido centralismo de la Corona francesa y las expectativas que para la concepción centrífuga y foral de la monarquía hispánica había despertado el propio Carlos II en su testamento. Muchos, como en Valencia, pensaban además que el pretendiente austriaco podría mitigar la dureza de su régimen señorial.

Por estas razones, la guerra resultó larga e incierta. No fue hasta las alturas de 1711 cuando una serie de hechos concatenados permitieron pactar su finalización. En primer lugar, el acceso de los conservadores *tories* al poder en Inglaterra, sustituyendo al partido *whig* que era el mayor apoyo de John Churchill, duque de Malborough, abierto partidario de mantener la guerra de España a toda costa, la muerte del emperador José I que obligó a su hermano, el archiduque Carlos, a ocupar el trono austriaco y el mismo agotamiento que estaba sufriendo el conflicto sentaron las bases de la paz pactada en los encuentros preliminares de Londres de 1712 y ratificada en los acuerdos de Utrecht celebrados al año siguiente, por los que se pretendía además de regular la sucesión española, garantizar un perenne equilibrio de fuerzas entre los bandos contendientes.

Es sabido que los acuerdos de Utrecht supusieron enormes pérdidas territoriales para la monarquía hispánica, pero resultaron ser también un ejercicio de realismo político. En realidad, la monarquía de Felipe

V no se hallaba en condiciones de mantener los territorios perdidos; antes de la firma del tratado, la vituperada bolsa del rey tan solo era capaz de sostener veinte mil soldados y trece galeras en el espacio europeo. Así, en el reino de Nápoles no había destinadas más que seis compañías de infantería española, la isla de Sicilia estaba guardada únicamente por seiscientos hombres, el Milanesado por seis mil, y en lo que quedaba de los Países Bajos no había destacados más que ocho mil soldados diseminados por todo el territorio. Se decía que el mismo rey no tenía bastante dinero para mantener a su guardia de corps, que trabajaba «a tiempo parcial» en la artesanía cuando podía dejar a un lado el mosquete. Por eso, hoy se tiende a pensar que el tratado de 1713 fue una verdadera liberación para la monarquía española, que pudo por fin dedicarse a la administración del territorio meramente peninsular y a las Indias, su principal activo. De este modo, en virtud de los acuerdos firmados en aquellas ciudades de los Países Bajos y Alemania, Sicilia fue otorgada al duque de Saboya (luego permutada por Cerdeña); el Milanesado, Nápoles, Cerdeña y los Países Bajos se otorgaron al ya emperador Carlos de Austria y, finalmente, Gibraltar y Menorca se convirtieron en el sabroso botín de guerra de Inglaterra.

De este modo, Felipe de Anjou, llamado por sus panegiristas «el animoso», pudo convertirse finalmente en rey de España y de las Indias, inaugurando el devenir de la nueva dinastía borbónica.

1

Felipe V (1700-1746) y Luis I (1724)

EL IMPACTO DE LA DINASTÍA BORBÓNICA; NUEVOS USOS Y NUEVAS MANERAS

Superado victoriosamente el trance de la guerra de Sucesión, Felipe de Anjou, nieto de Luis XIV, segundo hijo del finado Luis, gran delfín de Francia, se convirtió finalmente en rey de España. En la corte francesa, el joven Felipe siempre había sido considerado persona de buena disposición y dulzura de carácter. Para su formación de príncipe no le habían faltado buenos maestros, el primero de ellos había sido sin duda alguna su abuelo Luis XIV. Pero había otros, su ayo, el duque de Beauvillers, el prudente cardenal Fleury y su preceptor que fue nada menos que el escritor y teólogo François de Salignac, conocido por Fénelon, autor del inmortal *Telémaco* y probablemente el inspirador de la honda religiosidad que presidió la vida del monarca. Con todo, el pequeño Felipe, al igual que sus hermanos Luis y Carlos (duques de Borgoña y de Berry, respectivamente) fue un niño criado entre ayos y criados, lejos de la vista y del cariño de su padre, el Gran Del-

El célebre retrato de Felipe V pintado por Jean Ranc en 1723. A pesar de la imagen de majestad y dominio, el rey, aquejado de melancolía, ya había previsto su abdicación en la persona de su hijo Luis I.

fin. Se decía de ellos que eran jóvenes abúlicos e inseguros, adelantando el carácter melancólico que desarrollarían en la edad adulta. Al parecer, solo su tía abuela Isabel Carlota de Baviera mostró algún cariño por Felipe, al que premonitoriamente llamaba «mi pequeño *roi d'Espagne*», no porque la anciana poseyese dotes adivinatorias, sino debido al carácter tímido y humilde del pequeño, que le recordaba más a un Austria que a un Borbón.

Despedido con gran pompa por la corte francesa, Felipe V fue proclamado rey de España en Madrid el 24 de noviembre de 1700, haciendo su entrada triunfal en la capital el 4 de abril de 1701. Poco después, el 3 de noviembre del mismo año, Felipe, un rey casi adolescente, contrae matrimonio con su prima María Luisa Gabriela de Saboya —hija de Víctor Amadeo II, duque de Saboya y rey de Cerdeña, y de Ana María de Orleans—, cuando esta contaba tan solo trece años de edad. Pese a su juventud, María Luisa se ganó muy pronto el amor de Felipe, que por entonces, sumido ya en la guerra, era «el animoso», capaz de colocarse en persona al frente de sus tropas —en realidad, fue el último de los reyes españoles que hizo tal cosa—. Junto a la figura de María Luisa se hace visible ya en tan temprana fecha la presencia de una dama enigmática, que gozó del más alto predicamento sobre la real pareja. Nos referimos a Marie-Anne de La Trémoille, princesa de Orsini o de los Ursinos, enviada desde Versalles por Luis XIV a fin de que influyera en el ánimo de los reyes en favor de Francia. Y a fe que lo consiguió, a pesar de que no era ya ninguna niña, había sobrepasado la cincuentena, la princesa de los Ursinos conservaba todo su encanto y desde el puesto privilegiado de camarera de la reina ataba y desataba a placer los asuntos de la corte, despachando privadamente con los reyes e informando puntualmente de sus conversaciones a Colbert de Torcy, el secretario para asuntos exteriores de Luis XIV. Se decía que la camarera mayor había aislado a los reyes en el Alcázar de Madrid para sustraerlos de cualquier otra influencia, o al menos eso quería creer todo el mundo, aunque Felipe V, con todas sus manías y rarezas, distó mucho de ser un simple pelele en manos de las mujeres que le rodearon, como a menudo se ha escrito. Sí es cierto que el joven rey, educado como segundón de su casa, no estaba acostumbrado a mandar, sino a obedecer y dejarse conducir dócilmente. Tal vez por ello, en cuanto se vio obligado a gobernar un país extraño, del que apenas conocía el idioma, con una capital sucia y sin iluminar y un viejo alcázar que nada tenía que ver con el luminoso Versalles, su mente comenzó a flaquear, adelantando una delicada actitud vital que le condujo primero a la depresión y luego a la demencia. En una carta del marqués de Louville, íntimo amigo del rey, se observan ya a comienzos del reinado rasgos verdaderamente preocupantes, que derivarán con el tiempo en su comportamiento más conocido, que iba desde una desaforada actividad sexual con sus esposas a los repentinos escrúpulos religiosos que tal conducta le causaba, circunstancia que le obligaba a confesarse dos o más veces al día, quedando luego preso de los más profundos «vapores» melancólicos:

> El rey está bajo una continua tristeza. Dice que siempre cree que se va a morir, que tiene la cabeza vacía y que se le va a caer. / Quisiera estar siempre encerrado y no ver a nadie más que a las personas, muy pocas, a que está acostumbrado. A cada momento me manda a buscar al padre Daubenton o a su médico, pues dice que esto le alivia.

«Siempre encerrado», quizás ahí resida la clave, frente a la imagen de un abuelo que vivía muy a gusto en medio de un teatro permanente, la invisibilidad que deseaba su nieto, retraído y falto de confianza en sí mismo, rasgo en verdad incompatible con su destino de rey. Pero por el momento, eran todavía tiempos del «animoso» y las crónicas hablan claramente de esos primeros años de valor en el combate y de rendido amor hacia su primera esposa, María Luisa Gabriela de Saboya, más atractiva que hermosa, inteligente y de buena disposición, que pronto se ganó el afecto de su esposo. Se dice que al regreso de Felipe de las campañas de 1703 el rey y la reina se encerraron en sus habitaciones durante una semana completa, entregados desaforadamente al amor conyugal. La real pareja se sintió especialmente bendecida cuando el 25 de agosto de 1707 la saboyana daba a luz al infante Luis, tras casi medio siglo de esterilidad regia en España. Un feliz acontecimiento que sancionó la armonía que reinaba entre Felipe y María Luisa.

La Nueva Planta

En el mismo momento de la llegada al trono de Felipe V, se hizo patente que algo iba a cambiar sustancialmente en las estructuras funcionales de la monarquía. A consecuencia de los decretos de Nueva Planta, los reinos de la Corona de Aragón perdieron los fueros que, de mejor o peor gana, siempre habían respetado los Austrias, pasando de esta manera a constituir parte integrante de una nueva monarquía que deseaba construir sus cimientos según los modos de gobierno del reino de Castilla, principal sostén de los reyes españoles de todo tiempo, aderezados con el establecimiento de nuevas instituciones de evidente influencia borbónica. Esta nueva monarquía en construcción no pretendía limitarse a efectuar una unificación legislativa y funcional más o menos centralista; muy pronto pudo constatarse que las reformas borbó-

Pasquín austracista que apareció pinchado en la puerta de la posada de un miembro de la Junta borbónica de Barcelona. Una de las primeras muestras del denominado «irredentismo catalán» (Archivo General de Simancas). En él se presenta el territorio catalán como la tumba de un pueblo opreso.

nicas pretendían llegar mucho más lejos, introduciendo innovaciones político-administrativas de alcance extraordinario y de clara inspiración francesa.

El 29 de junio de 1707, tras la decisiva victoria de Almansa, Felipe V decretó la abolición de la legislación foral de Aragón y Valencia. Lo que significaba, si se quiere, la culminación de un proceso unificador de los reinos de Aragón y Castilla iniciado por los Reyes Católicos. Así, y a pesar de la pervivencia de algunos aspectos del derecho privado relativos a la herencia, la propiedad y la familia, Aragón, Cataluña y Mallorca pasaron a recibir paulatinamente la legislación básicamente importada de Castilla. Esta Nueva Planta diseñada en buena parte por la óptica racionalista de buenos gestores de la monarquía como Antonio de Sartine, Melchor de Macanaz o José Patiño fue ratificada para Aragón en 1711, Mallorca en 1715 y Cataluña al año siguiente, completando un proceso que no se debía tanto a un simple deseo de revancha contra unos reinos levantiscos y rebeldes, que también, sino a la praxis política que el joven duque de Anjou traía bien aprendida de Francia. De hecho, las mismas razones argumentadas por el rey para justificar tan drástica medida clarifican mucho la intención centralista e unificadora que portaban bien impresa en la mente los herederos del Rey Sol. Así, en la exposición de motivos del decreto de 1707 se señala que se tomaba la decisión de abolir los antiguos fueros en primer lugar por «la rebelión contra su rey y señor», pero también y diríase que sobre todo «por el deseo de lograr la uniformidad de las leyes en todos los reinos, gobernándose todos por las leyes de Castilla, tan nobles y plausibles en todo el universo». Muy significativamente se añadía como justificación final del decreto:

> ...por el dominio absoluto que ejerzo sobre ambos reinos de Aragón y Valencia ya que uno

de los principales atributos de la soberanía es la imposición y derogación de las leyes, las cuales con la variedad de los tiempos y mudanza de las costumbres puedo alterar, aun sin los graves y fundados motivos que hoy concurren para ello.

Más claridad expositiva no se puede pedir.

No obstante, los restantes territorios forales, Navarra y las provincias vascas, pudieron conservar sus legislaciones privativas gracias a su oportuna desvinculación del bando perdedor, de forma que, ni siquiera sobre el papel, el centralismo administrativo impuesto fue tan uniforme y general como se ha llegado a pretender en ocasiones.

VIUDEDAD DE FELIPE V
Y SEGUNDO MATRIMONIO CON
ISABEL DE FARNESIO, LA *BRAVA DONNA*

En 1713, la valerosa reina María Luisa había traído al mundo a Fernando, el cuarto hijo de la real pareja, aun a pesar de tener la salud muy mermada por una cruel tuberculosis. Del parto en adelante ya no se recuperó, muriendo de «calentura continua» y pulmonía el 14 de febrero de 1714, en vísperas del remate de la guerra de Sucesión. Durante su larga enfermedad, el rey apenas se separó de su lecho y tras su muerte cayó en una profunda tristeza. Todo se le iba en constantes lloros y no quería ver a nadie; para el rey Felipe, el fallecimiento de su esposa fue, de algún modo, el principio de su casi perenne postración. Se retiró durante seis largos meses al palacio de los duques de Medinaceli para vivir a solas su dolor, permitiendo que le visitasen solamente los imprescindibles, es decir, la princesa de los Ursinos, sus hijos y muy pocos más. Pero el rey tenía tan solo treinta y dos años de edad y hasta él mismo pudo comprender que debía seguir el consejo del cardenal Giulio Alberoni instándole a contraer nuevas nupcias.

Alberoni, que había llegado a España en 1711 como secretario del duque de Vendôme, comandante en jefe de las tropas hispano-francesas en el frente italiano, había sido aupado muy pronto por la princesa de los Ursinos al puesto de consejero principal de Felipe V. Desde su privilegiada posición, el cardenal pudo influir grandemente a fin de que el rey viudo contemplase con buenos ojos la candidatura de la princesa de Parma, Isabel de Farnesio, considerada por entonces una princesita menor, fácilmente maleable, cuyas vinculaciones familiares con la anterior dinastía austriaca la hacían una candidata muy apetecible a la hora de revitalizar los lazos italianos de la monarquía tras el varapalo de Utrecht.

Pero ¿quién era Isabel de Farnesio, además de una princesa huérfana proveniente de un insignificante Estado italiano? Nacida en Parma en 1629, Isabel era hija de Eduardo de Farnesio y de la duquesa Dorotea de Neoburgo (hermana de Mariana, segunda esposa del desdichado Carlos II de España). A la muerte de su padre, Dorotea se casó con Antonio Farnesio, VIII duque de Parma y Piacenza, quien no pareció ocuparse convenientemente de Isabel. Todos consideraban que la pobre princesita, criada con cierto alejamiento de sus padres, había dado en ser una mujer de educación rústica y físico poco agraciado. Descrita por sus contemporáneos como una mujer ni muy alta ni muy baja, con el rostro relleno y marcado de viruelas, no se podía decir que fuese una dama agraciada por la hermosura, pero desde luego poseía otros dones, que le conferían un notable atractivo, que basaba en su inteligencia natural y en su habilidad para mantener una conversación cortés y agradable. Además, la joven princesa había nacido con verdaderas dotes para la música (tocaba excelentemente

Isabel de Farnesio, la *Brava Donna*, segunda esposa
de Felipe V. Retrato de Louis Michel Van Loo, 1739.
Museo del Prado. Tenida en la corte española por
una candidata al trono útil para las relaciones
internacionales e inofensiva para la política de Estado,
demostró nada más pisar España que era una mujer de
gran determinación y espíritu indomeñable. La poderosa
princesa de los Ursinos fue la primera en sufrir en sus
propias carnes la ira de la princesa de Parma.

el clave), la pintura, la equitación y la caza. Dominaba perfectamente el francés y el alemán y pronto lo haría con el español. De lo que se deduce que su educación no había sido tan descuidada como parecía suponer Alberoni. Pero el ministro se equivocaba en mucho más. Suponía en ella un carácter débil y sumiso. Muy pronto, los acontecimientos sucedidos durante el viaje de la princesa a la corte de España le extraerían de su error.

Casados por poderes el 16 de septiembre de 1714, la ya reina Isabel de Farnesio inició su largo viaje hacia España inmediatamente, encontrándose con su tía Mariana de Neoburgo en las cercanías de Pau (Francia) el 18 de noviembre. Allí fue agasajada por la reina viuda con seis días de festejos y celebraciones. Tras su larga y aleccionadora entrevista con la Neoburgo, Isabel de Farnesio cruzó la frontera para dirigirse al encuentro de su esposo, que ya le aguardaba en Guadalajara. Pero la princesa de los Ursinos, en su intención de controlarlo todo, quiso adelantarse a la cercana Jadraque, donde se presentó ante la nueva reina de España el 23 de diciembre. Nunca lo hubiese hecho, aquella entrevista forzada supuso el fin de su hegemonía política en España. Según cuentan los escasos testimonios de la época, la anciana princesa francesa cometió varios errores en aquel encuentro, el primero de ellos criticar afablemente y con demasiada confianza —se dice que en cuanto la vio la había tomado despreocupadamente por la cintura— la vestimenta de la reina. La segunda, afearle la conducta sin haber sido requerida para ello, fundamentalmente haciéndole notar la lentitud de la marcha del cortejo real y la escasa predisposición a madrugar que manifestaba la Farnesio. Sea como fuere, la respuesta de la parmesana dejó a todo el mundo sin habla. Esa misma noche garabateó (usando su propio regazo como apoyo) la inmediata orden de expulsión de la princesa de los Ursinos de España. De nada valió que se le representase que un viaje a Francia y en in-

Interpretación decimonónica del sereno rostro
de Marie-Anne de La Trémoille, princesa de los Ursinos,
obra de Juan Serra para la *Historia de España*
de Modesto Lafuente.

vierno sería demasiado para una señora de tan avanzada edad. Todo fue inútil, la de los Ursinos partió camino de los Pirineos en el acto para nunca más regresar a España, sin permitírsele siquiera cambiarse el traje de gran gala que lucía por otro más apropiado para viajar en carruaje. La nueva reina había entrado pisando bien fuerte, nadie hasta entonces había osado oponerse a los designios de la poderosa Marie-Anne de La Trémoille. De este modo, la «gruesa lombarda» se tornó en *brava donna* en tan solo una jornada; todo el mundo, hasta el mismo rey Felipe V, había captado el mensaje. De hecho, informado en Guadalajara de tan notable suceso, se dice que siguió jugando tranquilamente a los naipes, sin mover un dedo en defensa de su vieja confidente y amiga.

Finalmente, la víspera de Navidad se encontraron los novios en Guadalajara. Confirmada urgentemente la boda por el cardenal Carlos de Borja, la real pareja se encerró en sus aposentos a las seis de la tarde para salir solo con objeto de asistir a la misa del gallo. Desde entonces, no se separarían jamás. La desaforada libido de Felipe V —de él decían sus contemporáneos que toda su vida se desarrollaba entre el tálamo y el confesionario—, manejada convenientemente por su esposa, se reveló como el pasaporte esencial para el acceso de la Farnesio a las cosas del gobierno, que, al contrario de lo que había ocurrido con la saboyana, le interesaban y mucho, fundamentalmente si del futuro de sus hijos se trataba.

En el ínterin, la patológica inestabilidad emocional del rey iba en aumento con la edad. En el verano de 1717 sufrió uno de sus graves brotes depresivos, que cursaban con violentas pesadillas en medio de las cuales trataba de ensartar con su espada a quien se le pusiese por delante, cefaleas, astenia, trastornos del apetito y una enfermiza hipocondría que le hacía suponerse gravemente enfermo ante cualquier menudencia, como una leve insolación. La enfermedad mental se hacía muy evidente en lo físico, Alberoni cuenta en sus memorias cómo le costaba reconocer al duque de Anjou en aquel pobre individuo de cara desencajada y descolorida, habla torpe y piernas arqueadas, que vestía siempre su viejo y sucio traje de caza. Muy pronto rondó por la mente de Felipe V la idea de la abdicación. En 1720 redactó un documento secreto comprometiéndose a dejar el trono antes de la festividad de Todos los Santos de 1723. Promesa que fue renovando anualmente hasta llegar a cumplirla, siquiera fuese un año más tarde de lo previsto.

Pero como todo ciclotímico, el rey Felipe atravesaba también por periodos de actividad y lucidez, en los que contaba con el apoyo entusiasta de su rendida y amante esposa. Juntos planificaron proyectos edilicios que llenaban de ánimo y satisfacción al monarca. El primero de ellos fue La Granja de San Ildefonso, su pequeño Versalles, mandado erigir junto al viejo real sitio de Valsaín, en Segovia, que se encontraba en ruinas desde su incendio en 1686. Fue el propio Felipe V quien en el transcurso de una expedición cinegética descubrió en sus cercanías una ermita propiedad de los frailes jerónimos bajo la advocación de san Ildefonso. Aquel mismo día mandó comprar a los monjes la granja, el claustro y todo el terreno aledaño, sentando los cimientos de su palacio más querido, al que siempre soñaría retirarse lo antes posible. Pero esto no fue ni mucho menos todo, con el apoyo entusiasta de la reina, Felipe V desarrolló un programa constructivo espectacular. Empresa personal fueron las primeras obras para adecuar a los nuevos tiempos el antiguo teatro de los Austrias existente en el palacio del Buen Retiro, la completa remodelación de Aranjuez y los primeros pasos para la construcción del monumental Palacio Real de Madrid, que luego la reina, ya viuda, encargaría al arquitecto italiano Giovanni Battista Sachetti. La erección del real sitio de Riofrío en las cercanías de Valsaín (Segovia) fue también proyecto personal de la Farnesio, elegido como posible lugar de retiro una vez muerto su esposo, aunque al final viviría casi permanentemente en La Granja. Por si esto fuera poco, Isabel de Farnesio dedicó toda su vida a coleccionar esculturas y pinturas, estas últimas, más de mil, todas distinguidas con la flor de lis, son ahora en su mayoría patrimonio del Museo del Prado.

LUIS I, EL REY QUE NO FUE

Mucho se ha especulado sobre las razones que condujeron a un rey todavía joven, de tan solo cuarenta años de edad, a abdicar de su corona en beneficio de su hijo Luis, todavía un adolescente. Las coplillas burlescas de la época solían hacer referencia a su ansia por obtener el trono de Francia, aun a pesar de que Luis XV gozaba de excelente salud. En muchas ocasiones la historiografía se ha hecho eco de este supuesto, aunque hoy en día se tiende a aceptar que a Felipe V le afectaba seriamente el peso de la púrpura y anhelaba obtener cuanto antes la condición de «caballero particular» en su dorado retiro segoviano de La Granja de San Ildefonso. Sea como fuere, el 10 de enero de 1724, el hijo primogénito de Felipe V, junto a su primera esposa María Luisa de Saboya, fue proclamado rey con tan solo diecisiete años. A Luis de Borbón, Luis I desde entonces, se le describe como un muchacho alto y rubio, extremadamente delgado y más bien endeble; dado al baile y a la caza y de carácter un tanto desconsiderado con quienes hacían la corte. Por lo demás, resultó más proclive a las travesuras infantiles en compañía de sus criados por los huertos del Buen Retiro que a las tareas de gobierno. En 1721 y a fin de reforzar los lazos con la casa matriz de Francia, se había acordado su casamiento con Luisa Isabel de Orleans, cuarta hija de Felipe, II duque de Orleans (sobrino de Luis XIV y regente de Francia durante la minoría de edad de Luis XV), y de Francisca María de Borbón (hija legitimada del mismo Luis XIV). Aunque el príncipe de Asturias mostró desde el principio su conformidad con el casamiento, la extraña conducta de su esposa-niña en la corte, tenía solamente doce años cuando se formalizó el matrimonio real, dio mucho que hablar y causó más de un dolor de cabeza a la dinastía reinante. Luisa Isabel despreciaba las normas elementales de la compostura propias de su condición, tanto ventoseaba o eructaba en público, como se quedaba desnuda o, según se decía, en aliño de dormir en presencia de los criados y la corte, mostrando un proceder característico del exhibicionismo. Tanto es así que Luis se vio obligado a encerrarla en el Alcázar de los Austrias por un tiempo, a fin de acallar habladurías. En fin, una pareja real producto de la más cerril endogamia y en exceso joven para afrontar las altas responsabilidades a las que habían sido llamados. Así que, con semejante panorama, Felipe V nunca se fue del todo como seguramente hubiese querido, tutelando constantemente la tarea de gobierno de su inexperto hijo. No hubo de hacerlo por mucho tiempo, tan solo ocho meses después de haber sido proclamado rey, Luis I moría prematuramente aquejado de viruelas, enviando de nuevo a su augusto padre al cadalso que para él suponía el trono.

EL SEGUNDO REINADO.
LA NEUROSIS MANIACO-DEPRESIVA DEL REY.
CARLO FARINELLI, ¿CANTANTE O TAUMATURGO?

Dada la minoría de edad del infante Fernando, futuro Fernando VI, Felipe V no halló manera de sustraerse al trono, en el que fue ratificado por decreto el 6 de septiembre de 1724. Poco después, el infante Fernando sería proclamado con todos los honores príncipe de Asturias, asegurando de esta manera una ordenada sucesión. También poco después José Grimaldo, sucesor en el poder de Alberoni, fue a su vez sustituido por José Patiño, viejo servidor de la monarquía desde los tiempos de la Nueva Planta, español de nacimiento y sin duda uno de los ministros más lúcidos e industriosos del periodo. Contando con Patiño y con uno de los periodos de mayor consciencia del rey, el segundo reinado parecía comenzar con buen pie. Y de hecho así fue, se sucedieron una serie de años plácidos cuya monotonía solo se veía rota por los traslados de temporada a los reales sitios, la célebre «rutina borbónica» que, en líneas generales, se reducía a trasladarse a El Pardo en enero para pasar el invierno, Semana Santa en Madrid, primavera en Aranjuez, verano en La Granja, otoño en El Escorial y vuelta a Madrid para celebrar las Navidades.

Todo parecía armonía hasta que en 1728 el rey volvió a caer en sus vapores melancólicos, tratando incluso de abdicar nuevamente, esta vez a favor de Fernando, aunque Isabel de Farnesio llegó a tiempo para impedirlo. Felipe V regresó a sus antiguas obsesiones compulsivas: más de una vez recibió a los embajadores en camisa de dormir, sin pantalones y descalzo. Gritaba desaforadamente por los corredores de palacio sin venir a cuento, llegando a autolesionarse al propinarse terribles mordiscos. El cuadro se completaba con insomnio, bulimia, alteración de los ritmos vitales, mudanza de la noche por el día y las inevitables alucinaciones. El colmo fue ya cuando comenzó a obsesionarse con la idea de que se le pretendía envenenar a través del contacto de su piel con la ropa, por lo que decidió vestir siempre la misma camisa, desprendiendo a su paso un hedor insoportable. La reina trató de animarle obligándole a cambiar de aires, organizando «jornadas reales» y traslados, primero a Extremadura con motivo del matrimonio del infante Fernando con Bárbara de Braganza en 1728, y más tarde a los Reales Alcázares sevillanos, donde el plan pareció surtir efecto, pues Felipe V se mostró verdaderamente feliz en la ciudad andaluza. Tanto es así, que la real pareja permaneció todo un lustro en Sevilla. Con todo, no fue suficiente y, hacia el final de su estancia en la ciudad del Guadalquivir, la enfermedad del rey volvió a agravarse: comenzó a vivir de noche, reunía al consejo entre las once y las dos de la madrugada, para acostarse sobre las siete de la mañana. A la vez, se negó a que se le afeitase la barba y tampoco permitía que se le cortasen las uñas de los pies «largas como de fiera» que le dificultaban el caminar. Volvió a la manía de no cambiarse de ropa, hasta que se le caía hecha jirones, por miedo a que se le envenenase consumiendo grandes cantidades de triaca (una especie de antídoto general contra venenos de complejísima composición), que siempre le acompañaba en sus raídos bolsillos. Junto a esto, las terribles alucinaciones le hacían creerse convertido en rana o muerto en vida o cualquier otra cosa. A menudo era sorprendido en sus dementes paseos nocturnos con la boca abierta y la lengua fuera, tratando de montar los caballos representados en los tapices de los Reales Alcázares. Naturalmente solo una mujer del carácter y la abnegación de la Farnesio podría soportar todo aquello. Pero no lo hizo gratuitamente, ya que, mientras alentaba el poco espíritu que le restaba a aquella ruina humana, había podido dedicarse a tejer la urdimbre que sostendría la posición de sus amados hijos en el futuro. La muerte sin descendencia del duque de Parma el 20 de enero de 1731 permitiría que se cumpliese uno de los primeros deseos de la reina: ver a su hijo primogénito Carlos, de quince años de edad, elevado pacíficamente a la cabeza de aquellos Estados italianos. Solo fue el principio, y es que en virtud a lo establecido en el Tercer Tratado de Viena, el mismo Carlos de Borbón, *Carletto* para su abnegada madre, fue reconocido como rey de Nápoles y

Sicilia, colmando de este modo una de las más altas aspiraciones de la Farnesio. La obra se vio redondeada cuando el infante Felipe —*Pippo*— pasó a ocupar en 1745 los ducados de Parma y Piacenza que su hermano había dejado vacantes.

Finalmente, como es sabido, Carlos de Borbón sería llamado a ostentar el trono de España al fallecimiento de su hermanastro Fernando VI, en tanto el infante Luis Antonio, tercero de los varones vivos hijos de la Farnesio, accedía al capelo cardenalicio y al arzobispado de Toledo con solo ocho años de edad. Luis Antonio nunca demostró demasiado amor por la púrpura, prefiriendo la vida regalada y sin sobresaltos en compañía de sus numerosas amantes. Rondando la cincuentena, se le permitió casarse con la joven de diecisiete años María Teresa de Villabriga, con la que vivió una intensa historia de amor en su dorado retiro de Arenas de San Pedro (Ávila), donde los amantes contaron con la excelsa compañía de Luigi Boccherini como compositor de cámara y violonchelista.

La buena marcha de la política en estos años pareció otorgar nuevos bríos a Felipe V, coincidiendo con su regreso a Madrid. El día de Nochebuena de 1734 se destruyó en un incendio el viejo Alcázar de los Austrias, el rey procuró no alegrarse en público, pero encontró así la excusa perfecta para levantar un nuevo palacio «a la francesa» sobre el solar arrasado por las llamas. Aprovechando las circunstancias, Felipe V encargó las primeras trazas de lo que sería el Palacio Real de Madrid al arquitecto italiano Filippo Juvarra. A la muerte de este, las obras se verían continuadas por su discípulo Giovanni Battista Sachetti. El viejo monarca no lo vería construido, la mayor parte de sus últimos años de reinado transcurrirían en su amado palacio de La Granja de San Ildefonso. Desde allí, de la mano leal e industriosa de José Patiño, volvería a tomar las riendas del poder para ocuparse de la crisis europea causada

La familia de Felipe V de Borbón, por Louis Michel Van Loo (1743). Testimonio impagable del éxito de una pareja real capaz de legar al mundo una pléyade de testas coronadas. A la izquierda, el príncipe de Asturias, Fernando, futuro rey de España. El grupo central está integrado por el rey Felipe V; el cardenal-infante don Luis, hijo menor de los reyes; la reina Isabel de Farnesio; don Felipe, duque de Parma; y Luisa Isabel de Borbón, hija de Luis XV y esposa del duque de Parma. El grupo de la derecha está presidido por Carlos, en aquel momento rey de Nápoles y futuro monarca de España con el nombre de Carlos III; tras él, su esposa, María Amalia de Sajonia, hija del rey de Polonia.

por el asunto de la sucesión de Polonia. En esta etapa, Felipe V pareció recobrar la cordura, y es que cuando el rey se volvía guerrero era más que capaz de aparcar la melancolía, ya que esta solía acecharle, precisamente, en periodos de ociosidad.

Es en este contexto de evidente recuperación del monarca en el que debemos inscribir la venida a España del singular *castrato* Carlo Broschi, llamado por todos Farinelli, contratado por Isabel de Farnesio con el fin evidente de que su extraordinario canto aliviase el torturado espíritu de su esposo, como así fue. Y es que Farinelli poseía la voz y el gusto musical más increíbles de su tiempo. Tanto en largura como en variedad de registro su voz era incomparable. La corte de Felipe V resultó ser el lugar ideal para que El Capón, como le llamaban sus enemigos, pudiese dar rienda suelta a todo su esplendor creativo, al puro lucimiento de su voz inigualable, de prodigiosa extensión. Su talento no procedía de un simple don natural enfatizado por la cruel castración, sino de unas facultades sin parangón, que le permitían ofrecer una perfecta entonación combinada con una agilidad incomparable. Casi nadie era capaz de averiguar cuándo se permitía la licencia de respirar, arrojando por su divina garganta combinaciones de sonidos nunca antes escuchados, combinando a partes iguales potencia, dulzura y ritmo melódico. Su registro era tan amplio que podía ofrecer al oyente casi cualquier nota, desde el *la* grave hasta el *re* sobreagudo, y decían los que más sabían de música que Farinelli, siempre inconforme consigo mismo, no se pararía ahí. Pero era mucho más que un virtuoso capaz de conmocionar a la propia orquesta que pretendía acompañarlo; poseía tal dulzura de carácter y calidad de conversación que subyugaba cualquier voluntad. Lejos de utilizar estas virtudes en beneficio propio, siempre se daba a los demás sin pedir jamás favor para él y sus amigos; todos en la corte sabían que solicitar la intercesión del *castrato* ante los reyes era perder el tiempo. Estas cualidades personales fueron las que en verdad emocionaron a la real pareja, que lo colmó de honores y dádivas. Así, Farinelli, que venía de triunfar en Londres para unas breves vacaciones, permaneció en España veintidós años, primero como músico de cámara de Felipe V y más adelante desempeñando el mismo papel de bálsamo de la real pareja durante el reinado del hijo de este, Fernando VI. Un largo periodo de entrega a la monarquía que no fue precisamente una bagatela, si se tiene en cuenta que en virtud al «horario invertido» al que sometía a su corte Felipe V, cada día se le obligaba a cantar y a conversar con los reyes desde el «almuerzo» que tenía lugar a medianoche hasta que se servía la «cena» poco antes de despuntar el alba, cuando, con suerte, se le concedía licencia para retirarse.

LOS ÚLTIMOS AÑOS DEL REY

Aquellos plácidos años en La Granja, si obviamos el insano noctambulismo del rey, parecían sucederse con cierta normalidad. A Patiño le había sustituido en 1741 José del Campillo, otro ministro de parecidas hechuras, honesto y trabajador, y las cosas del gobierno marchaban razonablemente bien. No obstante, una nueva traición de su sobrino Luis XV de Francia, esta vez desbaratando los planes trazados en el tratado de Fontainebleau para establecer en el Milanesado al infante Felipe, volvió a hacer mella en el ánimo quebradizo de Felipe V, propiciando su inevitable final. El rey era por entonces un septuagenario achacoso, tremendamente parco en el hablar, que vivía oculto de casi todo el mundo, sin apenas salir de sus habitaciones. Ya no cazaba, y había engordado mucho por efecto de la bulimia nerviosa que sufría. De hecho, le costaba incluso andar y se mostraba incapaz de separar el caído

La Granja de San Ildefonso, fruto del interés personal de
Felipe V por construirse un palacio «a la francesa» en el
que poder recordar su perdida juventud en el dorado
Versalles y abstraerse del peso del gobierno. La Granja
fue el lugar al que siempre quiso retirarse y en el que
finalmente se encontró con la muerte.

mentón de su pecho. No obstante, nadie esperaba su repentina muerte por apoplejía en la tarde del 9 de julio de
1746. Tan rápido sucedió el óbito que, paradójicamente
para quien vivía obsesionado con el sacramento de la
penitencia, su confesor el jesuita escocés Guillermo
Clarke no pudo llegar a tiempo de confesarle y aplicarle
los santos óleos. En orden a lo establecido en su testamento, Felipe V, rompiendo la tradición inaugurada por
Felipe II, no se enterró en El Escorial, sino en la Colegiata de la Santísima Trinidad de La Granja, donde hoy
descansa en compañía de su segunda esposa, Isabel de
Farnesio. El panteón real donde se encuentran fue mandado erigir por su hijo Fernando VI, ya que a su padre,
en un gesto muy suyo, parecía causarle aprensión en-
comendar tal obra para sí mismo.

De este modo, se ponía fin a cuarenta y cinco años
de reinado, uno de los más largos de la historia de Es-

paña, que dejaba al país en mucha mejor situación que la que se había encontrado, sentando las bases para su reforma y modernización. La herencia que dejaba tras de sí el melancólico rey hubiese satisfecho a cualquiera: padre de cuatro hijos varones con su primera esposa, y de otros siete (tres varones y cuatro mujeres) con Isabel de Farnesio, tres de ellos (Luis, Fernando y Carlos) fueron a su vez reyes de España, hecho realmente insólito en la historia europea. A la vez, su sangre daba origen a dos nuevas dinastías italianas —de Nápoles y de Parma— y dos de sus hijas se casarían con los herederos de las Coronas de Portugal y Cerdeña, todo ello en virtud de una política de familia perfectamente calculada que hubiese obtenido aun mayores resultados de haber contado con la lealtad de su casa matriz francesa. En todo caso, el balance resultó ser verdaderamente extraordinario.

2

Fernando VI (1746-1759), la amable neutralidad.

Fernando de Borbón, nacido como vimos el 23 de septiembre de 1713, cuarto hijo del primer matrimonio de Felipe V, vio morir a sus tres hermanos mayores —Luis (el rey efímero), Felipe y Felipe Pedro—, cuando todavía era un tierno infante. De este modo, su vida en palacio se desarrolló entre la alegría por los casi rutinarios partos de su madrastra Isabel de Farnesio y los funerales por los desdichados óbitos de los hijos de María Luisa de Saboya. Si a esto unimos la evidente indiferencia con la que siempre lo trataron la Farnesio y *Carletto* y *Pippo*, sus hermanastros de edad más cercana, se puede afirmar que el joven Fernando no disfrutó de mucha felicidad en la infancia y la adolescencia. Se le conocía como un niño tristón y melancólico, candidato en todo a heredar las perturbaciones mentales de su padre, como así fue. No obstante, en demasiadas ocasiones se ha identificado su reinado como un periodo tan abúlico para la historia de España como el carácter de su titular, fundamentalmente al compararlo con la presunta brillantez del gobierno de su sucesor Carlos III. Para el historiador español del siglo XX Marcelino

Delicioso retrato de un Fernando de Borbón, ya príncipe de
Asturias, a punto de ingresar en la adolescencia.
Obra de Jean Ranc, (1725). Nacido en Montpellier,
el retratista Jean Ranc llegó a España como pintor de
cámara de Felipe V. A pesar de que de su obra emana puro
optimismo y una evidente idealización de los personajes, lo
cierto es que el pintor no fue feliz en la corte; allí perdió
poco a poco la vista y en sus estancias personales se inició
el incendio que destruyó el Real Alcázar de Madrid,
luctuoso hecho que sumió para siempre al pintor
en una profunda tristeza.

Menéndez Pelayo: «Todo fue mediano y nada pasó de lo ordinario». Un juicio que gozó de notable predicamento en la historiografía, hasta que en fechas muy recientes, historiadores como el profesor José Luis Gómez Urdáñez han mostrado cómo la labor de gobierno de ministros como José de Carvajal y, sobre todo, el marqués de la Ensenada, imbuyeron el gobierno de España de ideas y disposiciones tan prácticas como novedosas obteniendo, en la medida de sus verdaderas posibilidades, logros de profundo calado que no volveremos a contemplar hasta la llegada de las revoluciones liberales.

Dos fueron los actos de relevancia en los que participó el príncipe Fernando antes de verse elevado al trono: su nombramiento como príncipe de Asturias (25 de noviembre de 1724) y sus esponsales con la princesa Bárbara de Braganza, hija de Juan V, el muy ceremonioso rey de Portugal. Doña Bárbara era una princesa poco lucida, sufría de asma y de obesidad y en su rostro se reflejaba el cruel efecto de la viruela, como hubo de comprobar un descorazonado Fernando cuando tuvo por fin la posibilidad de echarle por primera vez la vista encima en su barroco y estudiado encuentro en Caya (Badajoz) a fin de contraer matrimonio. Sin embargo, la pareja congenió enseguida, confortándose mutuamente en la soledad a la que les había abocado la corte de Felipe y la Farnesio.

Del príncipe de Asturias se sabía ya entonces que había heredado de su padre la tendencia al aislamiento y la melancolía, pero también que era muy capaz de mostrar repentinos accesos de ira que le acompañarían toda su vida. Ya decía con sabiduría su confesor el padre Rávago que «el rey se aflige con papeles largos», por lo que era conveniente «prepararlo» para no «tener pelotera», pues solía tomarla con el mensajero. Esto lo sabía muy bien su equipo de habituales, esto es, Carvajal, Ensenada, Farinelli y, por supuesto, la reina Bárbara.

El mismo aislamiento al que la corte de su padre y la «vieja leona» Isabel de Farnesio habían sometido al príncipe heredero hizo abrigar esperanzas a la opinión pública de que España tendría por fin un rey «español» sin tener el cuerpo en Madrid y la cabeza permanentemente en Versalles, como se consideraba que había hecho siempre su padre Felipe V. Y, en cierto sentido, había razones para pensarlo, Fernando era nacido en España, detestaba los manejos políticos, las traiciones diplomáticas de Luis XV y a su poderoso ministro el marqués de Angenson y, sobre todo, daba cumplidas muestras de anhelar un gobierno de prosperidad, independiente en lo político y alejado de las guerras impuestas por sus poderosos primos.

POR FIN REY, «PAZ CON INGLATERRA Y GUERRA CON NADIE»

Pese a lo que algunos contemporáneos del entorno de la Farnesio pudieran pensar, la pareja real tomó la Corona con verdadera determinación, imbuida de un claro espíritu de renovación. Tan solo un año después de su acceso al trono en 1746, la otrora poderosísima Isabel de Farnesio era amablemente invitada a retirarse a La Granja de San Ildefonso. Simultáneamente, los dos hombres fuertes del poder, José de Carvajal y Lancáster desde la secretaría de Estado, y el marqués de la Ensenada, desde, prácticamente, todo el resto de asuntos de gobierno, mostraron una completa identificación con la política que deseaba implantar el nuevo monarca: no más guerras y fomento de la prosperidad. «Paz con Inglaterra y guerra con nadie», les había dicho y a ello se aplicaron aquellos claros ministros; Ensenada desde su opulenta brillantez, Carvajal aplicándose cada día para superar con trabajo sus luces más bien limitadas. Ambos eran muy distintos, Zenón de Somodevilla, marqués de la Ensenada, era todo oropel y brillantez intelectual. Proveniente de la hidalguía más humilde, «en sí nada» decían de él sus enemigos, gustaba del lujo y era experto en contentar al rey con costosos regalos y espectaculares fiestas pergeñadas al alimón con su íntimo amigo Carlo Farinelli. Se dice que en cierta ocasión Fernando VI se extrañó por lo barroco del traje que lucía, a lo que respondió el ministro: «*Sire*, por la librea del criado se ha de conocer la grandeza del amo». José de Carvajal y Lancáster, grande de España, heredero de nobles casas inglesas y portuguesas, detestaba todo aquello, el «pasto ordinario» al que el marqués de la Ensenada sometía al rey. Lo suyo era el duro trabajo de chancillería y su obsesión no decantarse nunca en exceso por Francia o por Inglaterra. No siempre lo consiguió, para algunos, sobre todo al final de su periodo de gobierno, pasó por mostrarse excesivamente proclive a los consejos del hábil embajador inglés Benjamin Keene, en tanto Ensenada parecía siempre más permeable al entendimiento con Francia. En realidad, ni una cosa ni la contraria, la verdadera idea de Carvajal era mantener a ultranza la neutralidad fernandina, aun a costa de concesiones «apaciguadoras» a favor del gigante naval inglés, tal como sucedió con los acuerdos de Aquisgrán (1748) por los que se renunciaba a Gibraltar y se concedían abusivas concesiones comerciales a Gran Bretaña o el extraño tratado de límites con Portugal de 1750; en tanto Ensenada, mucho más realista, se preparaba en secreto para una guerra que consideraba inevitable.

Los proyectos del marqués de la Ensenada, la inusitada actividad de un espíritu inquieto. Economía, ciencia y espionaje

La estrella del hidalgo riojano Zenón de Somode-villa y Bengoechea comenzará a brillar cuando, tras la repentina muerte de Campillo el 11 de abril de 1743, es nombrado a un tiempo secretario de Hacienda, Guerra, Marina e Indias. Su carrera había sido meteórica, nada corriente en esos tiempos: en 1728 es comisario de marina y servirá en los arsenales de Cádiz, Cartagena y Ferrol, en 1736 es premiado con el título de marqués por su capacidad organizativa como comisario ordena-dor en las campañas de Orán y las Dos Sicilias bajo las órdenes del duque de Montemar, al año siguiente es ya intendente de Marina, y secretario de Estado y Guerra en 1741. En todos estos puestos había demostrado so-bradamente su asombrosa capacidad de gestión. Se inauguraba así un periodo de trece años presidido por el reformismo ilustrado de José de Carvajal y del mismo Ensenada, preocupados sobre todo, cada uno a su modo, bien es verdad, por la racionalización de los usos del gobierno, tanto en el interior como en las re-laciones con las potencias emergentes en Europa. Mu-chos de sus proyectos, como la búsqueda de la justicia fiscal con la «única contribución», cayeron en el olvido, mostrándose incapaces de luchar con el modo tradicio-nal de hacer las cosas en la administración española y sobre todo ante la oposición frontal de los estamentos privilegiados. Pero mientras pudieron y les dejaron, lle-varon a buen término realizaciones tan significativas como la administración directa de las rentas reales, evi-tando costosos y corruptos intermediarios, la revitali-zación del sistema de intendencias, las conocidas reformas en el Ejército y en la Marina o el mejor censo de población de nuestro antiguo régimen, el catastro de 1752, el conocido como Catastro de Ensenada. No hubo tiempo para más, Ensenada caído en desgracia en 1754 gracias a las turbias conspiraciones llevadas a cabo por Ricardo Wall, sucesor en la secretaría de Estado de Carvajal, y por Benjamín Keene, el sinuoso embajador inglés, solo dispuso de la mitad del tiempo que él mismo se había fijado para llevar a cabo su programa.

Sabemos que el proyecto de reforma de la esquelética Marina española era de los que Zenón de Somodevilla, como fiel continuador en muchos aspectos de Patiño, veía con mejores ojos. Las primeras preocupaciones por el restablecimiento de la Marina Real aparecen reflejadas muy pronto en sus conocidas «representaciones» que de manera periódica remitía al nuevo rey Fernando VI. En ellas se pasaba exhaustiva revista al estado de la Hacienda, el Ejército, la Marina y la política general que debía hacerse. Así, en las dirigidas en junio de 1747 y mayo de 1748 al nuevo rey Fernando VI se pueden leer reflexiones del tenor siguiente:

> No hay potencia en el mundo que necesite más las fuerzas marítimas que la de España, pues es península y tiene que guardar los vastísimos dominios de América que le pertenecen; y mientras España no tenga una marina competente, no será considerada de Francia e Inglaterra sus émulas más inmediatas. (1747)

> Sin marina no puede ser respetada la monarquía española, conservar el dominio de sus vastos estados, ni florecer esta península, centro y corazón de todo. (1748)

Prueba el interés de Ensenada por la construcción naval y la revitalización de los arsenales, única manera, en su opinión, de poder mantener el equilibrio de fuerzas en Europa mediante la paz armada. Era mucho el camino que se debía recorrer. En un análisis documentado del estado de la Armada Real realizado por la oficina de Ensenada en 1751 se podía comprobar que mientras los ingleses disponían de cien buques de línea y nada menos que de ciento ochenta y ocho fragatas, la Marina española tan solo contaba con dieciocho buques de línea de combate, inservibles muchos de ellos, y otros quince menores. El desequilibrio era gigantesco y, por lo mismo, se comprende la desazón que producía pensar, por ejemplo, en el destino de las Indias en caso de una nada improbable guerra con Inglaterra. El propósito de Ensenada era aumentar lo antes posible la armada a sesenta navíos y sesenta y cinco fragatas, con el fin de poder afrontar, al menos, una guerra defensiva en el caso de una probable apertura de hostilidades.

Ensenada, infatigable como era, no se arredró ante la desproporción existente. Bajo su mando el trabajo en los arsenales durante los años centrales del siglo XVIII será febril. Para ello, el sagaz ministro quiso contar con los mejores, señaladamente con dos jóvenes marinos y científicos, Jorge Juan y Antonio de Ulloa, que comulgaban en todo con las ideas de gobierno del marqués. Ambos eran muy conscientes del atraso tecnológico que venía sufriendo la península con respecto a sus rivales europeos, especialmente la todopoderosa Inglaterra. Por eso, Ensenada consideró crucial para sus proyectos que el brillante Jorge Juan, conocido por sus compañeros por el «Euclides de Novelda», acudiese a Londres a fin de recabar cuanta información pudiese sobre el modo en que los ingleses realizaban su construcción naval y, más importante aún, traerse consigo a constructores y maestros solventes, capaces de iniciar con éxito el monumental proyecto que se había impuesto. Una verdadera misión de espionaje, de las que tanto gustaban al marqués. Al fin, Ensenada era un ministro inquieto, interesado por casi todo, un verdadero pantófilo, como lo definió recientemente el profesor Gómez Urdáñez, capaz de mostrar el mismo interés por el modo que se tenía en Europa de obtener el más fino lacre, la forma de construir un canal navegable para Castilla, la manera de compactar metales, o el mejor modo en que se debía disponer la jarcia de un navío. En su opinión, todo tenía su importancia en su empeño de superar el atraso tecnológico peninsular. La selección para tan arriesgadas tareas de hombres como Jorge Juan o Antonio de Ulloa no era casual; Ensenada sabía muy bien que para obtener el éxito en la empresa debía contar con las mentes más privilegiadas de la Marina y ambos, cuando solo eran un par de guardiamarinas aventajados, habían demostrado con creces su valía en la larga y dificultosa expedición conducida por La Condamine al Ecuador con el fin de medir un arco de meridiano.

El primero de marzo de 1749, Jorge Juan ya se encontraba en Londres en compañía de dos jóvenes alféreces de fragata, luego célebres por sí mismos, José Solano, futuro marqués del Socorro y Pedro de Mora. Inmediatamente comienza su actividad, alternando su nombre verdadero con personalidades fingidas, como la de *Mr. Joshua* o *Mr. Sublevant*, «*book seller in London*». Y a costa de algún que otro resfriado, como le escribió el embajador Ricardo Wall a Ensenada, tomó bien pronto conocimiento del estado de las cosas en «la ría de Londres», observando de primera mano tanto las técnicas constructivas en los astilleros, como los modelos navales que allí se desarrollaban. Tanto es así, que además de otros trabajos paralelos encargados por Ensenada, como el estudio de las técnicas textiles empleadas en la isla, Jorge Juan se halló muy pronto en condiciones de enviar a los primeros técnicos contratados a la península. Los primeros en llegar a España serían el mítico constructor de navíos Richard Rooth y sus oficiales Thomas Hewett y John Harris. Y poco después los otros dos constructores principales destinados a los arsenales hispanos: Matthew Mullan y Edward Bryant. Junto a ellos cerca de dos centenas de operarios, entre los pertenecientes a sus cuadrillas y los maestros de jarcia y lona, carpinteros de lo menudo, contramaestres, escultores, motoneros, barreneros, caldereros, aserradores, herreros, etc., que Juan fue convenciendo. Una operación ciertamente espectacular que, en su conjunto, alcanzó un éxito inusitado. De esta manera, en 1750 Jorge Juan estaba ya de vuelta, sano y salvo en la península y dispuesto a dirigir las obras en los arsenales y la construcción naval.

La posterior caída en la actividad constructiva y científica resulta ser un signo inequívoco de hasta dónde podían llegar las intenciones apaciguadoras con Inglaterra tan caras a Carvajal y a Ricardo Wall, su sucesor en la secretaría de Estado. Sir Benjamin Keene, el inquieto embajador de Inglaterra en la corte de Fernando VI, a quien ya conocemos, se había mostrado encantado con el nombramiento, asegurándole a su rey aquello de que «no se volverán a construir navíos en España». Por contra, es conocida y significativa la anécdota que reflejará en 1879 Modesto Lafuente en su *Historia general de España* respecto al tesón y la capacidad del marqués de la Ensenada, hecho que ni siquiera sus enemigos se ocupaban de ocultar, porque era sencillamente imposible. Así, sobre la voluntad de Ensenada, resulta muy elocuente el comentario del mismo míster Keene tras la caída del ministro en 1754:

> Su penetración, sus vastos conocimientos, su exactitud y actividad en la dirección de los negocios no tiene límites, y rara vez habrán sido excedidos por nadie. El mismo Fernando VI, hablando de él, se burlaba de algunos de sus sucesores, a quienes causaba indisposiciones el

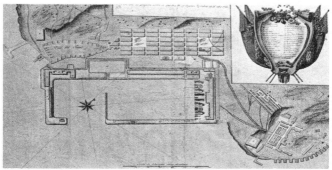

Plano del arsenal de Ferrol tras las obras dirigidas por Jorge Juan a mediados del siglo XVIII. Es de destacar su excelente fábrica en piedra de cantería y la seguridad que ofrecía a los navíos del rey. Se pueden identificar, a la derecha, las gradas de Esteiro y sobre los muelles de atraque la nueva población de La Magdalena, trazada a cordel, con los criterios racionalistas de los ingenieros de Fernando VI.

trabajo, diciéndoles que había despedido a un ministro que había cumplido con todos sus deberes sin haberse quejado jamás de un dolor de cabeza.

LOS ÚLTIMOS AÑOS, ENTRE «LA ESCUADRA DEL TAJO» Y EL TRISTE FINAL EN VILLAVICIOSA DE ODÓN

El 18 de abril de 1754 moría Carvajal víctima de un repentino derrame cerebral. De esta manera, aquel ministerio bifronte formado por Ensenada y el secretario de Estado que, mal que bien, siempre había llegado a entenderse, se vio bruscamente truncado. El

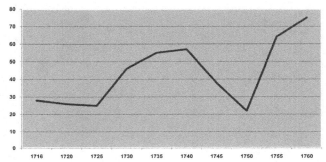

Número de buques en servicio en la Armada Española (1716-1760). En el gráfico se puede apreciar el notable incremento de la actividad constructiva de navíos en época de Ensenada. En buena parte se debe la construcción a partir de 1752 del célebre Apostolado, los doce navíos de línea que el marqués de la Ensenada y Jorge Juan habían soñado, que consiguieron ver botados en un tiempo récord, todos entre 1753 y 1755. Fuente: Didier Ozanam, «Los instrumentos de la política exterior...» en *Historia de España de Menéndez Pidal*, t. 29 pág. 467.

mismo marqués de la Ensenada era ya muy consciente de que ni el sucesor de Carvajal, Ricardo Wall, ni el poderoso embajador Keene iban a dejar pasar la oportunidad de apartar del poder a su archienemigo, al que llamaban despectivamente «Adán» (nada) o «el Gran Mogol». No obstante, fiel a sus maneras, el marqués de la Ensenada continuó con sus actividades como si nada estuviese ocurriendo. Junto a Carlo Farinelli continuó buscando el alivio de los malos humores del monarca a base de teatro, ópera, conversación y biribís. Ese mismo año alcanzó su mayor brillantez el más sonoro de sus proyectos: «la escuadra del Tajo», todo un trabajo de astillero cuidadosamente planificado a fin de reproducir a escala una larga serie de navíos destinados a sur-

Fernando VI y Bárbara de Braganza en los jardines de Aranjuez por Francesco Battaglioli, 1756. En este cuadro casi topográfico se puede apreciar la cuidada escenografía de las actividades de la real pareja en su lugar de descanso favorito. Sobre el Tajo, la célebre escuadra creada por Ensenada y Farinelli para solaz del melancólico Fernando VI.

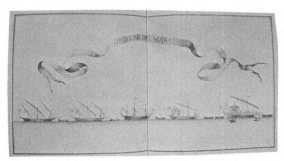

Orden de marcha de la escuadra, dibujado por el mismo Carlo Farinelli, que representaba en la corte de Fernando VI un papel verdaderamente global. El *castrato* era mucho más que un notable cantante, se ocupaba prácticamente de todo aquello que tenía que ver con el entretenimiento real, desde la música, el teatro o los fuegos de artificio, hasta la invención de esta «escuadra del Tajo», muy pronto convertida en el principal pasatiempo de la real pareja.

car el río en Aranjuez para solaz de la real pareja. Trajeron constructores de Cartagena para reproducir cuanto precisaba una verdadera armada: tinglados, atarazanas y muelles. El mismo Farinelli se encargó de crear primorosas láminas con los códigos de señales y el orden de marcha de la escuadra a lo largo de las cuatro millas de recorrido habilitado. Comenzaron con una fragata y tres jabeques artillados, pero en ese mismo año de 1754, «la escuadra del Tajo» estaba ya formada por quince barcos y ocupaba a ciento cincuenta marinos. Con Ensenada vestido de almirante y Farinelli ejerciendo de condestable y cabo de señales, los reyes disfrutaban lo indecible durante aquellos paseos fluviales en los que se dedicaban a merendar, al canto, a la pesca y sobre todo a cobrar las piezas de caza que los monteros les iban acercando a tiro de mosquete. El mismo Carlo Farinelli dejó nota de la composición de la escuadra: «La escuadra del Tajo se componía de dieciocho buques, a saber: *La Real Capitana* y *El Respeto,* falúas; *San Fernando* y *Santa Bárbara,* fragata con dieciséis cañones; *El Tajo,* jabeque; un bote de nueve remos, siete de a seis remos, y otros dos, el uno en figura de pavo real y el otro en la de un venado».

Pero al final, ninguno de sus muchos esfuerzos le sirvió a Ensenada para mantener el favor de Fernando VI. A los «conspiradores» Wall y Keene se había unido el poderoso Fernando de Silva y Álvarez de Toledo, duque de Huéscar, recién llegado de su embajada en Francia y ahora camarero del rey. Entre los tres pergeñaron el golpe final. Sabedores de que el marqués veía con mucha preocupación los cada vez más numerosos establecimientos clandestinos ingleses ocupados en el corte ilegal del palo de tinte del Campeche en Bélice y la Costa de los Mosquitos, le acusaron ante el rey de estar preparando una guerra contra Inglaterra, reforzando la presencia militar española en las costas de Honduras, algo que jamás lograron probar del todo,

La escuadra del Tajo en Aranjuez por Antonio Joli, 1759.
Esta extraordinaria vista del real sitio de Aranjuez, que se
conserva en el Palacio Real de Nápoles, nos permite
apreciar la sección principal del palacio, el embarcadero de
El Sotillo y alguno de los airosos bajeles que componían
la escuadra.

aunque resultaba bastante verosímil. Fernando VI, te-
meroso de estar en medio de una guerra sin saberlo,
decidió desterrar a Granada al marqués de la Ensenada,
mandándolo prender en su casa de la madrileña calle
del Barquillo la noche del 20 de julio de 1754. Acababa
así una época de verdadera prosperidad para la administración española, dando paso a los años de decadencia del reinado, presididos por la muerte de doña
Bárbara y la penosa enfermedad del rey.

Fue el mismo Ricardo Wall el encargado de realizar la valoración de los bienes incautados a Ensenada,
acrecentando de paso la leyenda de lujo y riqueza acu-
mulada que acompañaba al marqués:

> Razón de las alhajas, bienes, ropas y demás en-
> seres que se inventariaron, propios del marqués
> de la Ensenada

-Valor de oro y peso de mano ....100.000 pesos
-Valor del peso de la plata ....292.000 pesos
-El espadín de plata, guarnecido ....7.000 pesos
-Alhajas...92.000 pesos
-El collar de la Orden (toisón de Oro) ....18.000 pesos
-Valor de la China..................................2.000.000 pesos
-Id. de las pinturas....................................100.000 pesos
-Id. de los perniles de Galicia y Francia ....14.000 pesos
-Una crecidísima porción de pescados en escabeche, aceite y garbanzos, cuyo valor es imponderable.
-Un adorno preciosísimo, cuyo valor es difícil de calcular.
-Cuarenta relojes de todas clases.
-Quinientas arrobas de chocolate.
-Cuarenta y ocho vestidos, a cada cual más ricos.
-Ciento cincuenta pares de calzoncillos.
-Mil ciento setenta pares de medias de seda.
-Seiscientos tercios de tabaco muy rico.
-Ciento ochenta pares de calzones.

Fuente: Real Academia de la Historia.
M. S. varios, julio 1754.

Pero las conspiraciones a menudo conllevan su propia penitencia. El ufano Ricardo Wall pudo comprobar muy pronto lo cansado que era lidiar con la perenne melancolía de Fernando VI. Para arrostrarla no podía ni pensar en contar con el genio de Farinelli, leal a Ensenada hasta el final, y el áspero *Dick* Wall, que no poseía ni de lejos la gracia y la liberalidad de carácter de Zenón de Somodevilla; hubo de bregar a solas con los años de decadencia de Fernando VI, acelerados por la inevitable muerte de su amada esposa.

Doña Bárbara de Braganza, obesa y asmática, siempre había tenido mala salud. En 1754 su estado general empeoró gravemente por lo que se pensaba era un catarro mal curado. En realidad, su resentido sistema digestivo, maltrecho por su conocida glotonería, devino en la formación de tumores en el abdomen; en la corte se decía que las entrañas de la reina «estaban llenas de gusanos». Al final, un cáncer extendido al útero acabó con su vida el 27 de agosto de 1758, siendo enterrada, según su expresa voluntad, en su obra más querida, las Salesas Reales de Madrid. Fernando VI, sumido en la total desesperación no esperó a celebrar las honras fúnebres, retirándose en compañía de su hermanastro el infante don Luis al siniestro castillo de Villaviciosa de Odón, propiedad de su hermanastro Felipe, que ya no volvería a abandonar hasta su muerte.

El rey dejó de ser «rey» para siempre ante la consternación de un inane Wall y la impaciencia de Carlos de Nápoles, que no veía el momento de ocupar el trono de España. En Villaviciosa, el infante don Luis se ocupaba de informar puntualmente a su madre Isabel de Farnesio y a su hermano Carlos de los crecientes desvaríos de Fernando VI, que tras la muerte de doña Bárbara había perdido definitivamente la cabeza y pese a ello seguía siendo titularmente el único y verdadero rey de España. El último año de la vida de Fernando resultó verdaderamente penoso; nada más llegar al inhóspito castillo de Villaviciosa decidió meterse en la cama de forma cuasi permanente, y muy pronto vinieron nuevas extravagancias: lloros, desvaríos, falta de sueño e higiene, y palabras malsonantes dedicadas a todo el que se cruzaba con él. Al igual que había hecho su padre, se negó a cortarse el pelo y la barba o a cambiarse la ropa, ni siquiera permitía que le mudasen la cama, acumulando una inconcebible inmundicia en torno a su persona. Por si esto fuera poco, se entretenía mortificando a Wall, al infante y sobre todo a su confesor de los últimos tiempos, el infeliz José de Rada, al que solía arrojar sus propios excrementos que escondía bajo su pestilente lecho. A partir de septiembre de 1758 el desdichado Fernando, aquejado también de priapismo, decidió no dormir más en una cama, haciéndolo sobre sillas y taburetes de tijera. A la vez, dejaba de ingerir alimentos durante días, y cuando pedía de comer cometía el dislate de mezclar los alimentos con su propio detritus, agravando aún más su salud. En muchas ocasiones se mostraba tremendamente agresivo, tratando de pegar y morder a todo el mundo. Una degradación tal no podía durar mucho más. Aun así, y al igual que sucediera con su padre, de vez en cuando recuperaba sorpresivamente la cordura, haciendo gala del incombustible sentido del «humor borbónico», tal como narrará en jugosa anécdota el conde de Fernán Núñez en su *Vida de Carlos III*:

> Con todo, tenía algunos momentos de razón y, entre ellos, preguntando un día por el marqués de Villadarias, sargento mayor de guardias de corps, hombre devoto, a quien quería, sin dejar de conocer tenía un carácter cortesano y adulador (cualidades que suelen no separarse), le respondieron estaba en la iglesia pidiendo a Dios por su salud, y replicó S. M.: Sí, sí, por mi salud; ...estará pidiendo por el feliz viaje de mi hermano Carlos.

Finalmente, el 10 de agosto de 1759 una apoplejía acabó con sus sufrimientos. No sobrevivió más de un año a su mujer, evidenciando hasta qué punto dependía de ella su salud emocional. Por lo mismo, quiso acompañarle en la sepultura, siendo conducido tras las exequias a las Salesas Reales, pues, al igual que había hecho su padre Felipe V mandándose enterrar en La Granja de San Ildefonso, Fernando VI no quiso seguir la tradición de los Austrias de inhumarse en el panteón real de San Lorenzo de El Escorial, prefiriendo hacerlo en un lugar como las Salesas, vinculado a su propio reinado. En 1765 el arquitecto Francesco Sabatini remataría por orden de Carlos III el sepulcro que hoy ocupan ambos.

Fue un año terrible que de todas maneras no empaña la realidad de un reinado en el que «el rey pacífico» permitió gobernar a los mejores, sentando las bases de una notable prosperidad en la que se apoyaría el gobierno de mejor cartel de toda la época de la Ilustración española protagonizado por su hermanastro Carlos, ya de camino desde Nápoles a bordo del *Fénix*, buque insignia del marqués de la Victoria.

3

Carlos III (1759-1788), el despotismo ilustrado

Ya hemos visto que el infante Carlos Sebastián, Carletto, primero de los hijos habidos en el segundo matrimonio de Felipe V, había nacido en el viejo Alcázar de Madrid el 20 de enero de 1716. Allí había permanecido, bajo el manto protector de su madre Isabel de Farnesio, en la amable compañía de sus hermanos Felipe y Luis Antonio, hasta que, en virtud del tratado firmado con las potencias europeas el 30 de septiembre de 1731, pasó a regir los Estados de Parma, Piacenza y Toscana con tan solo quince años de edad. Comenzaba de esta manera un larguísimo periodo de gobierno en tres Estados distintos que lo convertiría en el decano de la realeza europea de su tiempo. De su experiencia de gobierno en tierras italianas, primero en Parma y a partir de 1735 en el vasto reino de las Dos Sicilias, al que accedió tanto por los acuerdos del Tercer Tratado de Viena, como por la fuerza de conquista de las tropas españolas comandadas por el duque de Montemar, extrajo el rey Carlos unos modos de gobernar personalísimos, tan cabales en general como en ocasiones atrevidos,

Un joven Carlos de Borbón retratado en su época de rey de
Nápoles y Sicilia (1734-1759) por Giuseppe Bonito.
La etapa napolitana de Carlos de Borbón se saldó con el
despliegue de unos usos de gobierno que adelantaban los
que luego aplicaría en España. En Nápoles todavía se le
recuerda por su fundación de la fábrica de cerámica de
Capodimonte y las exitosas prospecciones arqueológicas
que mandó efectuar en Paestum, Pompeya y Herculano.

basados, eso sí, en el espíritu de un tiempo presidido por el racionalismo y la Ilustración.

NOTAS SOBRE EL REINADO NAPOLITANO

Bien recibido en la capital napolitana desde el principio, Carlos VII o *Carlo di Borbone* se aplicó desde el principio en la tarea de gobernar honesta y eficazmente un reino que poseía intensos y antiquísimos lazos de relación con España, primero como parte del Imperio mediterráneo aragonés y luego como virreinato de la Corona de los Reyes Católicos. Nápoles, testigo principal de las andanzas del Gran Capitán, Gonzalo Fernández de Córdoba, era considerado por todos un territorio casi tan español como italiano. Las primeras medidas del monarca señalaron muy pronto su interés por la modernización y el reformismo social y administrativo, que será tanto en las Dos Sicilias como en España rasgo esencial de su concepción de los usos de gobierno. De este modo y de la mano del ministro Bernardo Tanucci, que se había traído consigo de Florencia, sus primeras disposiciones caminaron hacia la búsqueda de una mayor justicia fiscal, al tiempo que se trataba de poner coto a los excesos de poder de los estamentos privilegiados, sujetando a la voluntad regia el poder de nobleza, clero y papado. De este modo, Carlos adelantaba en la práctica la filosofía política que habría de aplicar toda su vida, el despotismo ilustrado: aquel modo tardío de absolutismo monárquico que concebía al rey como un padre benefactor, ilustrado y caritativo, ansioso de atender las necesidades físicas y morales de su pueblo y de mejorar sus condiciones de vida a la luz de la recta y filosófica razón. Todo ello, es sabido, bajo la más bien paradójica máxima atribuida a Federico II de Prusia que afirmaba: «Todo para el pueblo, pero sin el pueblo». En consonancia con ello, de su paso por Nápoles se recuerda aún hoy que suya fue la iniciativa de excavar sistemáticamente y con criterios arqueológicos las ciudades sepultadas de Pompeya y Herculano, descubriendo de paso el importante yacimiento de Paestum, puesto a la luz gracias a que el rey había ordenado la construcción de una nueva carretera destinada a comunicar la capital con el sur del reino.

A los tres años de su acceso al trono, Carlos contrajo feliz matrimonio con María Amalia, hija primogénita del príncipe elector de Sajonia y de María Josefa de Austria, una gentil princesa que sería el principal sostén emocional del rey. Enseguida congeniaron, hasta el punto de que el enamorado Carlos confesaba en carta a sus padres sentirse «el hombre más dichoso y afortunado del mundo». Y así fue que en lo sentimental, rompiendo con lo habitual en los lechos de los Borbones franceses, se dice que Carlos III se mantuvo siempre casto y fiel a su esposa, incluso tras su viudedad. Él mismo confesaba haber tenido solo dos pasiones en la vida: su esposa y, naturalmente, la caza diaria, que nunca perdonaba. Fruto de tan intensa dedicación conyugal fueron los trece hijos habidos del matrimonio, todos nacidos entre 1740 y 1757. Después de cinco infantas seguidas, la reina dio a luz en 1747 al esperadísimo infante heredero: Felipe Pascual, aunque pronto pudieron comprobar que sus taras de nacimiento le impedirían gobernar alguna vez. Seguirían después otros cuatro varones: Carlos, futuro rey de España (1748), Fernando, futuro rey de Nápoles (1751), Gabriel (1752) y Francisco Javier (1757). Asegurando de esta manera la sucesión, si bien la real pareja siempre se mostró consciente de las escasas cualidades para el gobierno que evidenciaban sus hijos.

Tras un primer periodo de tribulación por las adversas circunstancias bélicas derivadas de los pactos de familia, siempre alerta ante una posible invasión austriaca del *regno,* la mayor parte del reinado napolitano

Partida de Nápoles de Carlos III para ocupar el trono de España. Cuadro de Antonio Joli, 1759. Don Carlos partió de Nápoles a bordo del Fénix, buque insignia del marqués de la Victoria, un almirante tan brillante como polémico.

de Carlos de Borbón se desarrolló con verdadera placidez, llevando adelante una ambiciosa política constructiva (palacios de Caserta, Portici y Capodimonte, este último con su célebre fábrica de porcelanas anexa; teatro de San Carlos…) y las reformas posibles a través de sus ministros más cercanos: el marqués de Flogiani, Bernardo Tanucci y, sobre todo, Leopoldo de Gregorio Squillace, que le seguiría a España para convertirse en el denostado marqués de Esquilache.

REY DE ESPAÑA

En virtud al testamento otorgado por su hermanastro Fernando VI el 10 de diciembre de 1758, Carlos VII de Nápoles se convirtió en Carlos III de España el 10 de agosto de 1759, poniendo fin de esta manera a aquel año infausto de «reino sin rey» que tanto había preocupado al propio Carlos. El 11 de septiembre, Ricardo Wall, muy aliviado, como no era para menos, organizó en Madrid la solemne proclamación pública del nuevo rey, que en el ínterin se dedicaba a tomar sus últimas disposiciones en Nápoles: la triste inhabilitación para el gobierno del infante primogénito Felipe Pascual y el nombramiento del infante Fernando, tercero de sus hijos varones, de tan solo ocho años de edad, como heredero del trono de las Dos Sicilias. A la vez, dejó a su querido Tanucci el encargo de presidir un consejo de regencia hasta la mayoría de edad del príncipe. Acto seguido, se embarcaba en el *Fénix* para alcanzar Barcelona como rey de los españoles, puerto al que arribó la nutrida comitiva real el 15 de octubre de 1759. Con el rey venían su esposa, el marqués de Squillace y todos sus hijos vivos excepto el desdichado Felipe Pascual, que no pudo viajar a causa de la cruel minusvalía que le aquejaba, y Fernando, heredero del trono napolitano. Ambos quedaron en Nápoles sujetos al cuidado de Bernardo Tanucci.

La elección de Barcelona como puerto no fue baladí, Carlos III poseía un largo bagaje de experiencia de gobierno y sabía muy bien que un gesto de acercamiento al principado sería muy valorado por una población que en buena parte seguía considerándose perdedora de una guerra. De hecho la sociedad catalana se volcó en el recibimiento, agasajando al nuevo monarca con la erección de arquitecturas efímeras, luminarias, cabalgatas, desfiles, mascaradas, música y fuegos artificiales. El paso para la reconciliación y una mejor sintonía con los Borbones estaba dado. Similares algarabías causó el paso de los reyes por todo el camino a la capital, donde los pueblos rivalizaban por ver quién los agasajaba más y mejor, así sucedió en Fraga y más aún en Zaragoza, donde se vieron obligados a permanecer más de un mes, hasta llegar a Madrid el 9 de diciembre. Nada más poner el pie en la capital, Carlos III se aplicó a las tareas de gobierno, perfectamente adaptado desde el principio a un país y a una corte que siempre habían sido los suyos, pese a su larga aventura italiana. Justamente al contrario le sucedió a la reina María Amalia, que nunca llegó a adaptarse a la corte madrileña, añorando siempre los felices tiempos napolitanos. Tampoco el destino le concedió tiempo para más, aquejada por una grave neumonía, castigada por los constantes embarazos y resentida por una caída del caballo, la reina María Amalia de Sajonia no llegó a pasar un año entero en la corte madrileña, falleciendo el 27 de septiembre de 1760. La muerte de su amada esposa fue un golpe terrible para Carlos III. En adelante reinaría solo, sin mostrar el menor interés por volver a contraer matrimonio; la caza y la tarea de gobierno serían sus únicos afanes.

RETRATO DEL REY BENEVOLENTE

¿Cómo era el nuevo rey en el que se habían depositado tantas esperanzas? Su buen amigo Carlos Gutiérrez de los Ríos, conde de Fernán Núñez, nos ha dejado las claves del retrato físico y moral de aquel hombre considerado por casi todos como bien intencionado, humilde, cumplidor y de sanas costumbres. En lo físico, aun reconociendo cierta fealdad, Carlos III no salía tan mal parado:

> Era el rey Carlos de una estatura de cinco pies y dos pulgadas, poco más; bien hecho, sumamente robusto, seco, curtido, nariz larga y aguileña [...]. Había sido en su niñez muy rubio, hermoso y blanco; pero el ejercicio de la caza le había desfigurado enteramente, de modo que cuando estaba sin camisa, como le vi muchas veces cuando le servía como su gentil hombre de cámara, parecía que sobre un cuerpo de marfil se había colocado una cabeza y unas manos de pórfido, pues la mucha blancura de la

parte del cuerpo que estaba cubierta, obscurecía aún más el color obscuro de la que estaba expuesta continuamente a la intemperie. Su fisonomía ofrecía casi en un momento dos efectos, y aun dos sorpresas opuestas. La magnitud de su nariz ofrecía a la primera vista un rostro muy feo; pero pasada esta impresión, sucedía a la primera sorpresa otra aún mayor, que era la de hallar en el mismo semblante que quiso espantarnos una bondad, un atractivo y una gracia que inspiraba amor y confianza.

Pero donde afloraban sus verdaderos dones era desde luego en su natural humilde y casi campechano, no exento de sentido del humor:

Era naturalmente bueno, humano, virtuoso, familiar y sencillo en su trato, como en su vestido y en todo, y nada le era más contrario que la afectación, la ficción y la vanidad [...]. Nada ofendía más al rey que la mentira y el engaño [...]. Era naturalmente de genio alegre y gracioso, y si su dignidad se lo hubiera permitido, hubiera tenido particular talento para remedar, pues a veces lo hacía en su interior con gracia, aunque muy de paso, y se conocía trabajaba para no dejarse llevar en esta parte de su genio.

Y a tales dones, tales maneras: sencillez en el trato y el vestir, frugalidad en el comer, costumbres y devociones religiosas siempre ordenadas y rutinarias sujetas a horarios casi inamovibles:

Su vestido era siempre el más sencillo y modesto. Pasaba en el sitio de El Pardo desde el 7 de enero hasta el sábado de Ramos, que volvía a

Madrid. Allí estaba diez días, y el miércoles, después de Pascua, por la mañana, a las siete, salía para Aranjuez, donde permanecía hasta últimos de junio, día más o menos. Pasaba en Madrid desde este día hasta el 17 o el 18 de julio, que marchaba a comer, cazar y dormir a El Escorial, y de allí, al día siguiente, al sitio de San Ildefonso. Allí se detenía hasta el 7 o el 8 de octubre, que bajaba a El Escorial, de donde se restituía a Madrid entre el 30 de noviembre y el 2 de diciembre, y permanecía allí hasta el 7 de enero siguiente, de modo que pasaba en Madrid unos setenta días y el resto del año en el campo... Aunque comía bien, porque lo exigía el continuo ejercicio que hacía, eran siempre cosas sanas y las mismas. Bebía dos vasos de agua templada, mezclada con vino de Borgoña, a cada comida, y su costumbre era tal en todo que observé mil veces que bebía el vaso (que era grande) en dos veces, y la una llegaba siempre al fin de las armas que había grabadas en él. Al desert mojaba dos pedazos de pan tostado en vino de Canarias, y solo a la cena, y no a la comida, bebía lo que quedaba en la copa. Después del chocolate bebía un gran vaso de agua; pero no el día que salía por la mañana, por no verse precisado a bajar del coche.

¿Por qué tanto orden y, sobre todo, por qué tanta caza? A menudo se ha tenido a Carlos III por un diletante obsesionado casi únicamente por su pasión cinegética. Pero el rey tenía sus razones, era muy consciente de que la terrible melancolía acechaba a su familia. Conocía de primera mano los severísimos desvaríos mentales que habían sufrido su padre y su hermano. Sencillamente, temía que cualquier alteración en su medido programa vital le condujese irremedia-

Metódico hasta la extenuación, Carlos III solía comer solo ante la corte, una escena que se repitió durante muchos años, tal como refleja esta conocida tabla de Luis Paret, uno de los mejores intérpretes del rococó español, pintada hacia 1772 y conservada en el madrileño Museo del Prado.

blemente a la locura, por ello aplicaba a su vida una disciplina espartana, procurando no hallarse ocioso en ningún momento. El bálsamo de sus antecesores había sido la música y el dadivoso oropel orquestado por el marqués de la Ensenada y Farinelli, el suyo lo sería la caza, pues detestaba más que nada en el mundo el boato cortesano. De hecho, a Ensenada se limitó a saludarle en el besamanos de su proclamación, manteniéndole en injusto destierro hasta el fin de sus días; en cuanto a Farinelli le despidió nada más llegar a Madrid bajo la elegante fórmula de «permitirle retirarse al reino de Nápoles». Pero la caza era harina de otro costal, fortalecía su cuerpo y le ayudaba a pensar y a encontrar la diaria armonía. Significativamente, se le oyó decir una vez en su residencia más querida, El Pardo, tan cerca de la capital: «Si muchos supieran lo poco que me divierto a veces en la caza, me compadecerían más de lo que podrían envidiarme esta inocente diversión». No la abandonaba ni con catarro, ni por el trueno o el granizo, «la lluvia no rompe los huesos» solía decir entre risas a sus azorados acompañantes, midiendo también en esto la tarea que correspondía a cada época del año: la caza de oropéndolas en San Ildefonso, buitres en El Pardo, gatos monteses en Cuerva y en los Montes de Toledo por abril, pesca y caza de chochas en Aranjuez y así año tras año, de forma que, dice de nuevo Fernán Núñez: «En cualquier parte del mundo en que se estuviese, podía decirse casi sin errar dónde estaba el rey y lo que hacía en aquel día y hora, según la estación del año». De todas maneras, en ocasiones se le iba la mano; Joseph Townsend, un famoso viajero inglés de la época, afirmaba que el rey Carlos vivía obsesionado con la idea de librar los campos de El Escorial de lobos, habiendo matado tan solo en aquella temporada en que había visitado el real sitio el increíble número de ochocientas dieciocho piezas. El caso es que la terapia que se había autoimpuesto se mostró efectiva, permitiéndole el pleno uso de sus facultades hasta el final de sus prósperos días. De todas maneras, no deja de ser curioso que un rey al que le aburrían mortalmente la lectura y el estudio, hubiese pasado a la historia como el prototipo de monarca culto e ilustrado.

EL PRIMER REFORMISMO CAROLINO. EL MOTÍN DE ESQUILACHE

A pesar de la evidencia de sus buenos propósitos, lo cierto es que Carlos III no inició con buen pie su tarea de gobierno en España. Con todo, sus más tempranas medidas, la reforma de las anárquicas haciendas locales y las primeras obras de empedrado, limpieza y alumbrado en Madrid, apuntaban excelentes maneras.

No obstante, al verse obligado a participar en la guerra de los Siete Años, no tanto por su inevitable fidelidad a la política de la casa de Borbón y sus pactos de familia, sino, y sobre todo, empujado por la agresiva política marítima de Gran Bretaña, condujo al país a una nueva sangría bélica para la que, a pesar de todo lo que había avanzado en ese aspecto la política defensiva del marqués de la Ensenada, no estaba todavía preparado. A consecuencia de ello, se volvió a fracasar ante Gibraltar y, lo que resultó más grave, se perdió Florida ante la ufana Inglaterra, que se había permitido el lujo de tomar dos plazas tan representativas como La Habana y Manila. Por la paz de 1763 Francia perdió todas sus opciones coloniales en América, en tanto España ganaba la Luisiana francesa a cambio de la Florida, arrebataba la colonia del Sacramento, situada en la rivera del Río de la Plata, a Portugal y cedía a los ingleses onerosas cláusulas comerciales que estos habían perseguido secularmente, en especial el corte del palo del Campeche en Honduras y el monopolio de las pesquerías de Terranova. Fue bastante, pero también hubiese podido ser peor.

Muy pronto las cosas se emborronaron también en el interior, cuando una serie de medidas, en principio no mal encaminadas, enfurecieron a un amplio sector del pueblo, primero en Madrid y sucesivamente en un buen número de provincias. Las protestas no iban dirigidas específicamente contra el rey, sino, y siguiendo la tradición propia del Antiguo Régimen, contra el marqués de Esquilache, centro de las iras populares al personificar como ministro principal y además extranjero la responsabilidad del «mal gobierno» reinante. Es sabido que el detonante del célebre «motín de Esquilache» fue la orden para la reforma del vestido popular promulgada el 10 de marzo de 1766, mediante la cual quedaban proscritos las tradicionales capas largas y los sombreros de ala ancha, para verse substituidos por la «más civilizada» capa corta y el sombrero de tres picos o tricornio. El propósito era claro, luchar contra el anonimato de los numerosos delincuentes embozados que pululaban por pueblos y ciudades. El pueblo llano de Madrid interpretó la orden como un atentado contra sus propias tradiciones perpetrado por un ministro extranjero. En cuanto los alguaciles se pusieron manos a la obra, conduciendo ante los sastres a los reticentes para que efectuasen los recortes indumentarios establecidos, estalló el terrible motín, que acabó con la vida política de Esquilache en España e incluso hizo pensar al rey Carlos que su propia vida estaba en peligro. Naturalmente, tras la asonada había mucho más, el año anterior, coincidiendo para desgracia de Esquilache con una serie de malas cosechas, el gobierno había liberalizado los precios de los cereales, con la idea de que así bajarían los costes de un producto de primera necesidad que siempre había salido al mercado a precio tasado. Pero por efecto de la crisis productiva, la rigidez del comercio y la actividad de los especuladores, los precios subieron más aún, creando una masa de hambrientos y descontentos que solo esperaban un motivo para echarse a la calle. Finalmente y con capas y sombreros como detonante, el motín estalló en Madrid el 23 de marzo de 1766, extendiéndose inmediatamente por casi toda la península como un reguero de pólvora.

Mucho se ha reflexionado sobre el motín de Esquilache y sus posibles causas, desde la «conspiración nobiliaria», hasta constituirlo en el más puro ejemplo de motín de subsistencia. Parece claro, por lo que hemos visto hasta ahora, que la monarquía gubernativa y reformista tenía múltiples y poderosos opositores, desde el llamado partido aristocrático, hasta los estamentos togados y los grupos oligárquicos locales. De hecho, desde el poderoso cargo de fiscal del Consejo de Castilla, Pedro Rodríguez de Campomanes, bien

El motín de Esquilache supuso un verdadero punto de inflexión en el reinado de Carlos III; tras aquellos tumultos, todo cambió.

pronto ilustrado singular, era consciente de que el fracaso relativo de Ensenada y Esquilache vino causado por una excesiva aceleración de las reformas, demasiado ambiciosas para la realidad de la España del siglo XVIII, razón por la cual era partidario de establecer una más realista vía intermedia de equilibrio con los poderes tradicionales de la monarquía. Por esto no es descartable que el motín fuese en cierta medida dirigido y utilizado por intereses inconfesables. Pero no cabe duda de que surgió provocado por las malas cosechas de 1764 y 1765 aliadas con los resultados de la aplicación de la «pragmática» del 11 de julio de 1765 sobre el libre comercio de granos. En efecto, en la respuesta fiscal de Campomanes del 10 de septiembre de 1764, se sientan las bases de esta reforma de inspiración fisiocrática, tendente a liberalizar los precios agrícolas a fin de evitar la especulación que se producía con el grano los meses anteriores a la nueva cosecha. Con ese espíritu se publicó la «pragmática» de 1765, pero sus efectos fueron casi los contrarios ante la coyuntura agrícola desfavorable de esos años y, sobre todo, porque no se logró evitar la especulación de los rentistas y abastecedores públicos, que siguieron trasladando el grano directamente del campo al granero en espera de la inevitable subida de precios. La consecuencia directa de estas circunstancias fue el motín de 1766 en Madrid y su extensión inmediata a muchas provincias.

Visto el alcance inusitado del motín, el rey Carlos decidió apaciguar al pueblo exiliando a Esquilache; en adelante sus ministros serían españoles, revocando la liberalización del precio de los granos y tomando una serie de medidas de gracia que exoneraban a los cabecillas del motín. Claudicó ante la presión popular sin dudarlo, no obstante jamás desde entonces volvió a confiar en el pueblo como lo había hecho antes de las asonadas, nunca olvidaría que se había visto obligado a salir de Madrid a uña de caballo para refugiarse con toda su nutrida familia en Aranjuez. 1766 fue definitivamente un mal año para el rey, pues al poco de quedar sofocado el motín, moría su amada madre Isabel de Farnesio.

LOS BUENOS AÑOS, ARANDA Y CAMPOMANES

Las renovaciones en el equipo ministerial de Carlos III fueron inmediatas. Se colocó a Miguel de Múzquiz al frente de la Hacienda y a Gregorio Muniáin en la secretaría de Guerra. Pero mucho más significativo fue la incorporación de Pedro Abarca de Bolea, conde de Aranda, al frente del Consejo de Castilla. El conde era ya por entonces hombre de reconocido prestigio en el ámbito militar y en las cosas del gobierno, a punto había estado de desempeñar un papel significativo en los gobiernos de Fernando VI, y ahora aquel aragonés recio, testarudo y patriota, que siempre se había quejado de la postergación que sufría la vieja nobleza en la corte, no estaba dispuesto a dejar pasar una nueva oportunidad. Suya fue la responsabilidad de restablecer el orden tras el motín de Madrid y sus ecos en Zaragoza, Cuenca, Palencia, Ciudad Real y Guipúzcoa. Y lo hizo con tanta firmeza como inteligencia, para desterrar para siempre la capa y el chambergo no tuvo más que vestir a los verdugos de aquella guisa, y así la natural prevención que sentía el pueblo para con los ejecutores de la pena capital resultó suficiente para que el tricornio fuese aceptado. La anécdota nos indica con claridad por qué sensatos caminos transitaría el gobierno de Carlos III en el futuro: reformas, desde luego, pero sin provocar más conmociones y para ello nadie como el conde de Aranda, que se apoyaría además en el buen hacer de una de las mejores cabezas del siglo: Pedro Rodríguez Campomanes, ya instalado como vimos desde 1762 y por méritos propios en la poderosa fiscalía del Consejo de Castilla. En el futuro, aquella sosegada «vía intermedia» se mostró altamente eficaz en el objetivo de gobernar el país bajo los presupuestos del espíritu ilustrado. Y será este momento de Carlos III el más recordado en el imaginario popular: el rey ocupado del urbanismo, de la fundación de nuevas poblaciones, del fomento de las manufacturas, de la creación de las sociedades económicas de amigos del país y, junto a ello, un gobierno en el que abundaban los «golillas», hombres nuevos, burgueses sin antiguas fortunas, que luchaban decididamente contra las rémoras del pasado, como los gremios, la Mesta y la propiedad amortizada en manos de la Iglesia.

Y fue precisamente con un sector singular de la Iglesia, los jesuitas, con quien la monarquía quiso mostrar su cara más autoritaria. Corrían malos tiempos para la Compañía de Jesús, su «cuarto voto» de fidelidad al Papa casaba mal con los intereses regalistas del despotismo ilustrado imperante en Europa. De hecho, fueron expulsados de Francia en 1763. Por otra parte, sus comportamientos y doctrinas más bien populistas, que habían llevado al extremo en sus misiones del Paraguay, los habían enemistado primero con el Portugal del colérico marqués de Pombal, que los expulsó del reino fulminantemente en 1759, y luego con España, que no podía pasar por alto la realidad de que los indios guaraníes, sujetos al cuidado de la Compañía de Jesús, se habían rebelado contra la Corona. Aunque el verdadero detonante para su expulsión de los territorios pertenecientes al rey de España fue el motín de Esquilache, del que muchos les hacían responsables, instigadores o al menos partidarios, aunque esto nunca fue probado. Sea como fuere, la decisión estaba tomada, Carlos III firmó el decreto de expulsión el 20 de febrero de 1767. A consecuencia de ello, los jesuitas fueron reunidos en varios puertos peninsulares y de ultramar y enviados a los Estados Pontificios, donde tampoco se les apreciaba en demasía; de hecho el papa Clemente XIV decretó la supresión de la compañía que fundara san Ignacio por la bula *Dominus ac Redemptor* promulgada en 1773, y los jesuitas vivieron así proscritos hasta su rehabilitación por el papa Pío VIII en 1813.

EL CREPÚSCULO FELIZ: LOS TIEMPOS DE FLORIDABLANCA

La salida del gobierno en 1773 del conde de Aranda y el nombramiento de José Moñino y Redondo, conde de Floridablanca, como secretario de Estado viene interpretándose como un golpe de timón en el empeño reformista de Carlos III. En efecto, Floridablanca, un «golilla» hijo de escribano, provenía del entorno más íntimo de Campomanes y se había significado como uno de los más activos defensores de la autoridad regia sobre la Iglesia. No en vano se atribuye a Floridablanca, entonces embajador ante la Santa Sede, el éxito de la supresión definitiva de la Compañía

Carlos III en traje de caza por Francisco de Goya (1787), Museo del Prado. El retrato corrobora fehacientemente las impresiones del conde de Fernán Núñez sobre el efecto de la intemperie sobre el rostro de Carlos III.

de Jesús en 1773. Junto a Campomanes y otros señalados ilustrados de la época, como Bernardo Ward o José de Gálvez, el nuevo equipo ministerial del rey emprendió decididamente el camino de las reformas. La publicación en 1774 del *Discurso sobre el fomento de la industria popular*, junto a la aparición al año siguiente del *Discurso sobre la educación popular de los artesanos*, ambos de la autoría del infatigable Campomanes, apuntaban muy bien las intencionalidades del nuevo equipo gobernante.

Uno de los mayores empeños del rey, y por extensión de Floridablanca, en este tiempo fue la restitución de España al lugar que le correspondía en el mundo. En este sentido, la política de defensa de las Indias que emprendió el ministro junto a José de Gálvez recuerda en mucho los antiguos empeños del marqués de la Ensenada. Entre ambos consiguieron buena parte del objetivo, así en 1777 Portugal devolvió a España por el tratado de San Ildefonso la disputada colonia del Sacramento, renunciando además a los derechos que sobre el Paraguay le había otorgado Carvajal cuando se firmó en 1750 el tratado de Madrid. Por si esto fuera poco, la declaración de independencia de los Estados Unidos de América en 1776 supuso una oportunidad de oro para cobrarse las muchas deudas pendientes con Inglaterra. Tras bastantes reticencias aconsejadas por la prudencia, Floridablanca pactó con Francia y Estados Unidos la entrada en guerra con Inglaterra en 1779. Gracias a ello se tomó Pensacola, obteniendo la Florida para la Corona española. A la vez, se consiguió desmantelar buena parte de los establecimientos ilegales de Honduras, y la obra de fray Junípero Serra progresaba abiertamente en California, fundándose la ciudad de San Francisco en 1776 y Los Ángeles en 1781. De forma que fue entonces cuando el dominio español en América obtuvo su máxima extensión. Al tiempo, una escuadra hispano-francesa logró reconquistar Menorca en 1782, quedando Gibraltar, que también trató de tomarse, sin éxito esta vez, como único gran contencioso pendiente. Como colofón de una época, diríase, de fortalecimiento nacional, Carlos III estableció con carácter cuasi definitivo la marcha de granaderos como Marcha Real que, hoy día, sigue siendo el himno nacional de España, así como la bandera rojigualda, destinada en principio a identificar a los navíos españoles.

AÑOS FINALES

Como se ve, el rey hacía y «permitía hacer» mucho; pocas son las poblaciones españolas o americanas que no puedan decir que una fuente o un pavimento o un camino no provengan de la época de Carlos III. Ya decía el marqués de Esquilache que «el mal de la piedra le arruinaba». Pero para el rey también pasaba el tiempo, él mismo era muy consciente de que había ingresado en la vejez y no sin preocupación, pues sabía que los dos hijos que le sucederían, Fernando, que ya ejercía como rey en Nápoles, y Carlos, que pronto lo haría en España como Carlos IV, poseían pocas luces y escasísimas facultades para el gobierno. En realidad, a quien más apreciaba el rey era a su tercer hijo varón, el infante Gabriel, el más culto y cabal de sus retoños, reputado traductor de Salustio y mecenas de las artes. Gabriel se había casado con Mariana de Portugal, formando un matrimonio muy bien avenido que dio como fruto tres hijos: Pedro, María y Carlos. Para desgracia de Carlos III, la viruela se cebó con la familia del infante, llevándose a la tumba a Mariana en noviembre de 1788 y a Gabriel tan solo diez días después, víctima del contagio al no querer separarse de su esposa durante su enfermedad. Así que Gabriel falleció, en palabras de Fernán Núñez, «víctima de su amor conyugal». El rey Carlos III sufrió tal disgusto que sus males, pro-

El infante Gabriel, hijo predilecto de Carlos III, mucho más despierto y culto que sus hermanos Fernando y Carlos, ocupó siempre un papel secundario en la familia al ser el hermano menor. Murió prematuramente a causa de la viruela.

pios de la senectud, se vieron agravados de forma alarmante. Tanto es así que un fuerte resfriado le condujo al lecho, del que ya nunca se levantaría, falleciendo la noche del 13 de diciembre de 1788. En cumplimiento de sus voluntades, fue enterrado en El Escorial, retomando de esta manera la tradición de los Austrias rota por Felipe V y Fernando VI, que, como ya hemos narrado, se buscaron enterramientos particulares. Finalizaba así un reinado de perenne recuerdo en el imaginario popular, tanto más grande cuando se le compara con las notorias miserias de sus sucesores.

4

Carlos IV (1788-1808). Crisis y revolución

Carlos IV, del que diría Napoleón que era «un hombre excelente» aunque «toda su energía se limitaba a obedecer a su favorito el príncipe de la Paz», había nacido en Portici (Nápoles) el 11 de noviembre de 1748, y era el segundo hijo varón de Carlos III y María Amalia de Sajonia, aunque siempre figuró como el primero en la línea sucesoria de su padre al declararse a su hermano mayor Felipe inhabilitado para gobernar a causa de un evidente retraso mental. Ya hemos narrado aquí la prevención que sentía su padre hacia él, pues al igual que su hermano el rey de Nápoles, desde muy joven Carlos había evidenciado una notoria debilidad de carácter y una preocupante tendencia a la abulia que solo lograban paliar la caza diaria en torno a la una de la tarde, que no perdonaba jamás, y su compulsiva afición a los relojes. Al joven Carlos se le describía como un hombre grande y muy fuerte, esto último producto del ejercicio diario, tanto por la caza como por su costumbre de ayudar a carpinteros y operarios de la real casa en sus tareas mañaneras. En cuanto a su carácter, aunque en general mostraba desenfado, campechanía borbó-

Un joven Carlos de Borbón, futuro monarca Carlos IV,
retratado hacia 1765 como príncipe de Asturias por
Antonio Rafael Mengs. Por entonces era un muchacho
alto y fornido, aunque para tristeza de su padre,
el rey Carlos III, de evidentes pocas luces.

nica y buen humor, no era raro contemplarle durante uno de sus numerosos accesos de furia, en los que solía golpear a los criados con grandes manotazos hasta que lograban sosegarle.

La preocupación de Carlos III fue en aumento cuando comenzó a conocer a su nuera, María Luisa de Parma, con quien el ya príncipe de Asturias había contraído matrimonio en 1765. María Luisa, hija de Felipe I de Parma y de Isabel de Francia, nieta de Luis XV y por tanto prima carnal de su marido, el futuro Carlos IV, era una dama no exenta de encanto en la juventud, con una enorme fuerza de carácter que contrastaba enormemente con el de su pusilánime marido. Carlos III vio siempre en ella una mujer caprichosa y manipuladora, de la que se podría esperar cualquier exceso. De hecho, había sido educada en las «nuevas ideas» nada menos que por Esteban Bonnot, el célebre abad de Condillac, excelente teórico económico, íntimo amigo de Rousseau, Diderot y D'Alambert; filósofos, al fin, cuyo libre pensamiento comenzaba a inquietar a las testas coronadas de toda Europa. Con todo, el matrimonio formado por Carlos y María Luisa se mostró siempre mutuo afecto y comunidad de intereses. Tanto es así que ha sido una de las parejas reales más prolíficas de la historia europea, sino la más. La reina María Luisa tuvo nada menos que veinticuatro embarazos, de los cuales catorce llegaron a término. Debido a semejante fecundidad, el aspecto físico de la reina se deterioró mucho con los años, otorgándole a su rostro una extraña expresión, como se puede apreciar en los numerosos retratos que de ella realizó Francisco de Goya. A pesar de su agitada vida marital, María Luisa siempre mantuvo la coquetería, haciéndose fabricar una extraordinaria dentadura de marfil para sustituir las piezas perdidas por la natural descalcificación que sufría su cuerpo sometido a constantes embarazos. Estaba además orgullosa de su figura y en especial de sus tor-

María Luisa de Parma, retratada hacia 1765 como princesa de Asturias por Antonio Rafael Mengs. Una obra conmemorativa de su matrimonio con Carlos de Borbón. El fuerte carácter mostrado por su nuera fue constante motivo de preocupación para Carlos III.

neados brazos, razón por la que solía vestirse y hacerse representar por los artistas con vestidos sin mangas, desterrando de la corte el uso de los largos guantes de gala.

La historiografía siempre se ha mostrado muy crítica con la real pareja, si bien, desde los estudios efectuados a finales del pasado siglo XX por el historiador español Carlos Seco Serrano se tiende a situar las cosas en su justo lugar. Es decir, que en ocasiones Carlos IV sí se mostraba capaz de tomar iniciativas, y que nunca ha quedado claro del todo que la reina fuese amante del favorito de los reyes, Manuel Godoy, aunque todos pensaban, bien es verdad, que el joven y agraciado infante Francisco de Paula guardaba un sospechoso parecido con el valido y que, aun aceptando el arribismo del antiguo guardia de corps, sorprendentemente ascendido a la dignidad de secretario de Estado y los favores a veces ridículos que le otorgaban los reyes, se ha de reconocer que mientras se mantuvo en el poder trató de gobernar como mejor podía y a la luz de la modernidad de las nuevas ideas. Pero para muchos Godoy siempre fue «Manolo» el «choricero de Castuera», en alusión a su origen extremeño, elevado a las máximas dignidades por el favor de una reina «enamorada» y un marido consentidor, como aseguraba una de las numerosas coplillas satíricas de entonces:

Una vieja insolente
le elevó desde el cieno
burlándose del bueno,
del esposo que es harto complaciente.

Con todo, se puede afirmar que el reinado comenzó de forma muy esperanzadora con el viejo Floridablanca a cargo del timón del Estado, según la recomendación que le había hecho a Carlos IV su padre desde el lecho de muerte. Pero la vieja vía del reformismo absolutista estaba agotada, las voluntariosas concesiones de una monarquía que se consideraba a sí misma intocable y de origen divino no daban para más. Carlos IV fue proclamado rey el 14 de diciembre de 1788; tan solo cinco meses después su primo Luis XVI se veía obligado a convocar los Estados Generales de Francia, y desde ese momento el mundo ya no volvería a ser el mismo; en justicia se ha de decir que nunca sabremos cómo habría gobernado Carlos IV sin tamaño condicionante.

TIEMPOS DE REVOLUCIÓN

Las noticias cada vez más preocupantes procedentes de Francia despertaron al absolutista que Floridablanca llevaba dentro, de forma que decidió acordar con el rey la implantación de *un riguroso silencio* respecto a los acontecimientos en el país vecino. Pronto aparecieron disposiciones destinadas a evitar el temido contagio de la ideología revolucionaria entre el pueblo. Así, se prohibió a los españoles realizar estudios en el extranjero, se ilegalizaron las academias de francés e incluso se suprimieron algunas cátedras de Derecho consideradas sospechosas de la difusión de ideas revolucionarias. De este modo, mientras el germen de los liberales españoles celebraba en secreto la ejecución de Luis XVI, el gobierno de Carlos IV, en una huída hacia adelante, pretendía aferrarse a la esencia misma del absolutismo. El intento del conde de Floridablanca de establecer «un cordón contra esa peste» resultó tan vano como poner puertas al campo. Tras una breve estancia en el poder del incombustible conde de Aranda, ahora presidente del todopoderoso Consejo de Castilla, que trató de conseguir sin éxito alguno una política de acuerdos con Francia, accedió al gobierno, como primer secretario de Estado y por expreso deseo de la reina María Luisa, nuestro joven guardia de corps Manuel Godoy. Personaje considerado arribista y medianamente instruido, el favorito de la reina, como decíamos, había sido rápidamente ennoblecido con el título de duque de Alcudia y casado con María Teresa de Borbón y Villabriga, condesa de Chinchón, hija del bohemio infante Luis de Borbón y su amada María Teresa de Villabriga, para que, con menos de treinta años, pudiese acceder a las mayores dignidades de la monarquía hispana ante el estupor de la corte y del pueblo, cuya opinión sobre los reyes se vio muy deteriorada desde entonces. Godoy nunca congenió con la de Chinchón, prefiriendo siempre la compañía de su joven y bella amante la gaditana Pepita Tudó, que le dio dos hijos y acabó casándose con él tras el fallecimiento de la condesa de Chinchón en 1828, convertida ya desde 1807 y por gracia de María Luisa y Carlos IV en condesa de Castillofiel. Muchos aseguran que las delicadas formas de Pepita Tudó fueron las que inspiraron a Goya para la realización de sus majas desnuda y vestida, ambas, como se sabe, propiedad de Godoy.

Fue ya Manuel Godoy, a quien sus amantes reyes habían colmado de poder y honores nombrándole nada menos que «ministro universal», es decir, el primero de los ministros y superior en rango a todos ellos, quien tuvo que afrontar la inevitable guerra con la Francia revolucionaria al coaligarse España con las monarquías europeas. El signo de la guerra del Rosellón, iniciada en marzo de 1793, fue en principio favorable al ocupar el general Antonio Ricardos una franja de la Cataluña francesa, pero pronto cambiaron las tornas con el fuerte contraataque llevado a cabo por el ejército de la Convención francesa sobre Figueras, Rosas y las provincias vascas. De esta manera, Godoy se vio obligado a entablar negociaciones con los franceses en Suiza, firmando en julio de 1793 la Paz de Basilea, por la que, entre otros acuerdos menores, España cedía a Francia la

Manuel Godoy, retratado por Francisco de Goya como príncipe de la Paz, cuando había alcanzado el cenit de su meteórica carrera por sus éxitos más notorios: firma de la Paz de Basilea con Francia y victoria en la llamada «guerra de las Naranjas» contra Portugal (Real Academia de San Fernando, Madrid).

isla de Santo Domingo aunque conseguía conservar por el momento la Luisiana. Por negociar este acuerdo, Godoy fue ostentosamente nombrado príncipe de la Paz, alcanzando su estrella el momento culminante del favor regio.

Poco después, mediante el primer tratado de San Ildefonso firmado en mayo de 1796, se acordó con el Directorio francés un pacto de no-agresión a cambio de conservar España su sistema colonial en América. Los británicos interpretaron inmediatamente el tratado como una alianza formal de la monarquía de Carlos IV con Francia y aprovecharon la ocasión para declarar la guerra a España, creando una gran inestabilidad en el tráfico comercial con las Indias y en el sistema colonial mismo. Se inició así un periodo de incertidumbres que habría de culminar con la invasión francesa de la Península ibérica. Básicamente, los hitos de este conflicto fueron la cesión de la Luisiana a Francia por el segundo tratado de San Ildefonso firmado en octubre de 1800, con Napoleón Bonaparte ya instalado cómodamente en el poder, la breve «guerra de las Naranjas» con Portugal (1801) y la reanudación de las hostilidades con Gran Bretaña en diciembre de 1804. Los deseos de Napoleón de desembarcar en Inglaterra empujaron por la fuerza a España a una guerra naval que no podía ganar. El fracaso anunciado de la flota aliada tuvo lugar al fin frente al cabo de Trafalgar en octubre de 1805. De esta manera, la monarquía española sufrió un proceso irreversible de pérdida de soberanía que fue entregando paulatinamente en manos de Napoleón. Y no ocurrió, desde luego, porque este no mostrase sus intenciones a través de su peculiar modo de conducir la política exterior; de hecho no había mostrado empalago alguno en desalojar a la dinastía borbónica de Italia, nombrando rey de Nápoles a su propio hermano José. En otoño de 1807, el 27 de octubre, Bonaparte consiguió de Godoy la firma del tratado de Fontainebleau por el que se efectuaba un hipotético reparto de Portugal, firme aliado del Reino Unido en todo el tiempo, entre Francia y España, en el que se incluían los territorios de la Lusitania septentrional para compensar a la reina regente de Etruria, hija de Carlos IV, despojada por Napoleón de su reino en la Toscana y el principado de los Algarves que fue otorgado a Godoy y a sus descendientes en pago de sus servicios. En realidad los propósitos de Napoleón se mostraron bien distintos, tomada Lisboa en noviembre de 1807 por las tropas de Andoche Junot, el mariscal Joachim Murat irrumpió en Madrid al año siguiente encargado de establecer las bases de la ocupación de España.

Hijo contra padre; las vergüenzas de Aranjuez y el bochorno de Bayona

Esta serie de hechos concatenados condujeron al enfrentamiento abierto de Fernando, hijo de Carlos IV, y de sus partidarios, en su mayoría nobles enemigos del favor real otorgado a Godoy, contra este mismo y por extensión contra la propia pareja real. Así, el 17 de marzo de 1808 el motín promovido por el príncipe heredero en Aranjuez, cuyo desencadenante fue la noticia del propósito de los reyes de embarcar hacia América por consejo de Godoy, tuvo como consecuencia la abdicación de Carlos IV en la persona de su hijo Fernando y la deposición fulminante del príncipe de la Paz. Poco después, el 2 de mayo, se producía en Madrid el levantamiento popular contra el ejército de Murat. A la vista de los acontecimientos, Napoleón Bonaparte, verdadero árbitro de la situación, procedió a liquidar de facto la monarquía española para establecer en su lugar lo que se pretendía como uno más de sus regímenes satélites. Para ello reunió a la cautiva familia real en la localidad fronteriza de Bayona, obligando el 5 de mayo de 1808 a Fernando VII a devolver la corona a su agraviado padre, tras sufrir el príncipe de Asturias una larga serie de presiones y después de ofrecer la dinastía española un lamentable espectáculo de enfrentamientos e insultos entre padres e hijo, para, a continuación, hacer que Carlos IV le cediese a Bonaparte todos sus derechos al trono, al frente del cual colocó el 7 de junio a su hermano José. De esta manera consiguió Napoleón cumplir su deseo de no permitir el reinado de un Borbón en la frontera de Francia, tal como él mismo había asegurado a su séquito en Bayona: «Bien sé que, bajo cierto punto de vista, lo que estoy haciendo está mal hecho; pero la política exige que no deje a mis espaldas, tan cerca de París, una dinastía enemiga de mi familia». Tal usurpación propició que se extendiese por

La familia de Carlos IV pintado por Francisco de Goya
en 1800 (Museo del Prado). Pocas veces la mirada incisiva
del pintor había llegado tan lejos. Todo está aquí, el gusto
de María Luisa de Parma por mostrar sus brazos casi
juveniles pese a llevar marcado en el rostro el efecto de
numerosos partos, el aire indolente conferido al rey y un
Fernando VII, en primer plano a la izquierda, expectante,
con su hermano, el sinuoso don Carlos María Isidro tras de
sí. De la mano de la reina, el pequeño Francisco de Paula,
supuesto hijo de Godoy.

todo el territorio peninsular la llamada por los españoles guerra de la Independencia, un conflicto cruel y de-
vastador que habría de prolongarse hasta el final de
1813. Al terminar esta, nada sería lo mismo, ni el viejo
orden político y social de España ni su periclitado dominio colonial.

Lo cierto es que tanto el padre como el hijo, mo-
vidos por el odio mutuo, aderezado con una notabilí-
sima falta de miras, le ofrecieron el trono en bandeja
de plata al árbitro de Europa. Del tenor epistolar cruzado por ambos con Napoleón deviene un grado de so-
metimiento y servilismo difícil de emular. Fernando

llega a dirigirse a Napoleón utilizando la expresión «tierno padre» (El Escorial, 11 de octubre de 1807), mientras su padre no le iba a la zaga. Para muestra, véase el tenor de la carta dirigida por Carlos IV a Napoleón tras el motín de Aranjuez, aclarándole que solo había renunciado a la Corona por miedo a perder la vida para, a continuación, avenirse a todo aquello que el emperador de los franceses tuviese a bien disponer, lo que era, ni más ni menos, que situar el trono de España a su entera disposición:

> Señor mi hermano: [...] Yo no he renunciado en favor de mi hijo sino por la fuerza de las circunstancias, cuando el estruendo de las armas y los clamores de una guardia sublevada me hacían conocer bastante la necesidad de escoger la vida ó la muerte, pues esta última se hubiera seguido después de la de la reina.
>
> Yo fui forzado á renunciar; pero asegurado ahora con plena confianza en la magnanimidad y el genio del grande hombre que siempre ha mostrado ser amigo mío, yo he tomado la resolución de conformarme con todo lo que este mismo grande hombre quiera disponer de nosotros y de mi suerte, la de la reina y la del príncipe de la Paz.
>
> Dirijo á V. M. I. y R. una protesta contra los sucesos de Aranjuez y contra mi abdicación. Me entrego y enteramente confío en el corazón y amistad de V. M., con lo cual ruego á Dios que os conserve en su santa y digna guarda. De V. M. I. y R. su muy afecto hermano y amigo.
>
> Carlos.

Carta del rey Carlos IV al emperador Napoleón. Fechada en Aranjuez a 23 de marzo de 1808.

Esta curiosa litografía de la época muestra el momento en
que Manuel Godoy, ya preso, tras ser depuesto por los
amotinados en Aranjuez el 17 de marzo de 1808,
se arrodilla ante Fernando VII solicitando su clemencia.
Fernando, nombrado efímeramente rey, decidió perdonarle
la vida al favorito regio, enviándolo al castillo de
Villaviciosa de Odón, donde había pasado su último año
de vida Fernando VI.

Naturalmente, ante semejante invitación, Napoleón Bonaparte no mantenía duda alguna sobre la dirección de sus pasos en el futuro inmediato. Espoleados
por el esquinado Juan Escóiquiz, antiguo ayo de Fernando y su principal panegirista, a quien Napoleón
había prometido el reino de Etruria, Carlos IV y sus
sucesores Fernando, Carlos y Antonio cedieron todos
sus derechos dinásticos al emperador, antes de verse in-
ternados en Francia. La triste abdicación se publicó en
la *Gaceta de Madrid* el 20 de mayo de 1808.

España en guerra

Como se sabe, la guerra fue también la primera etapa de la revolución liberal española, solapando varios y contradictorios procesos. Así, fue una guerra nacional y popular pero también realizada en nombre de la monarquía y de la religión, fue una guerra de independencia al tiempo que territorio de un conflicto internacional en el que los británicos desempeñaron un papel capital. Aquí no finalizan las contradicciones si tenemos en cuenta las características del régimen reformista e ilustrado que quiso imponer el hermano de Napoleón, José I, al fin y al cabo hijo de la revolución, a través de la constitución elaborada por un grupo de notables españoles en Bayona en julio de 1808, que nunca llegó a entrar en vigor. Una carta pseudo-constitucional que por primera vez, dada su inspiración jacobina, planteaba la eliminación de los privilegios territoriales en España. Así por ejemplo establecía:

> Art. 117. El sistema de contribuciones será igual en todo el reino.
> Art. 118. Todos los privilegios que actualmente existen concedidos a cuerpos o a particulares quedan suprimidos...

Cuatro años después, los redactores de la constitución de 1812 no se atrevieron a llegar tan lejos, manteniendo muchas de las antiguas costumbres privativas de los territorios no castellanos.

La crisis dinástica y el levantamiento popular provocaron el colapso de la autoridad y una gran confusión de poderes. En la zona aún no controlada por los franceses, la pasividad de las autoridades provinciales (capitanes generales, audiencias y chancillerías), de los que no podría esperarse que se pusieran a la cabeza de una revuelta sin esperanzas contra las guarniciones francesas desobedeciendo las órdenes explícitas de Fernando, produjo la formación espontánea de nuevos poderes territoriales, las juntas provinciales, que parecían asumir la soberanía perdida por los Borbones. Esta actitud en extremo cautelosa de los poderes tradicionales resulta perfectamente comprensible si tenemos en cuenta que, ciñéndose a los hechos, los Borbones españoles les habían ordenado de forma explícita que manifestasen su lealtad a los franceses. Así lo hacía ver, por ejemplo, el bando hecho publicar por el capitán general de Andalucía, Francisco Solano, junto a once generales más en los momentos previos a la proclamación de las juntas:

> Nuestros soberanos que tenían su legítimo derecho y autoridad para convocarnos y conducirnos a sus enemigos, lejos de hacerlo, han declarado padre e hijo, repetidas veces, que los que se tomaban por tales sus amigos íntimos, y en su consecuencia se han ido espontáneamente y sin violencia con ellos. ¿Quién reclama, pues, nuestros sacrificios?

A primera vista, el poder de las juntas parecía, por su origen más o menos espontáneo, de carácter revolucionario. Pero un análisis más detenido mostraba la mayoritaria extracción privilegiada de los miembros que las formaban (nobles, militares, eclesiásticos, magistrados), circunstancia que habla bien a las claras de su plena identificación con la legitimidad absolutista representada por el cautivo Fernando VII. De hecho, cuando por sugerencia británica y por opinión particular de muchas juntas provinciales, como la de Valencia, donde sí existió una pequeña representación verdaderamente popular, se consiguió crear el 25 de septiembre de 1808 una especie de gobierno central de los sublevados; el resultado, la llamada Junta Central Suprema y Gubernativa del Reino, formada por treinta y cinco diputados o representantes de las diferentes juntas provinciales, fue presidida por el propio José Moñino, conde de Floridablanca, a la sazón presidente de la Junta de Murcia, nada sospechoso de tendencias revolucionarias. Junto al viejo ministro de Carlos III aparecen pocos nombres de verdadero relieve: Antonio Valdés, Gaspar Melchor de Jovellanos y Martín de Garay —que sería luego el único ministro de Hacienda sensato que toleró por breve tiempo, todo hay que decirlo, Fernando VII—, que actuaba en esta ocasión de secretario de Estado para asuntos de carácter económico. Esto no quiere decir que los restantes miembros de la recién formada Junta Central no poseyesen ninguna experiencia de gobierno, como a veces se ha querido señalar, entre ellos encontramos a un regente de chancillería, dos intendentes provinciales, dos obispos, dos vicarios generales o cuatro regidores perpetuos. Personas que por su misma índole estaban acostumbrados a la toma de decisiones en sus ámbitos de actuación. Como era de esperar, desde su mismo nacimiento, la Junta Central tuvo en su contra a casi todos los restantes sectores políticos que tenían algo que decir en el conflicto. En primer lugar, sus pretensiones de recoger la soberanía de la nación bajo el título de «majestad» eran, a los ojos de todos, bastante ridículas, además las propias juntas provinciales pretendían ser a su vez las únicas representantes directas del pueblo soberano en el ámbito de su auto-señalada jurisdicción. Por su parte, los absolutistas veían con prevención la formación de todo poder de carácter espontáneo y «popular». Por si esto no fuese suficiente, el creciente cesarismo de militares como José de Palafox o Gregorio Cuesta, y la franca oposición del poderoso Consejo de Castilla, que consideraba el poder de la Junta poco menos que una usurpación a la legitimidad que representaban el rey y los cargos públicos oficial-

La rendición de Dupont en Bailén por
José Casado de Alisal, 1864 (Casón del Buen Retiro,
Madrid). A pesar del triunfalismo historicista que
desprende la obra, Bailén fue solo un espejismo,
la guerra no había hecho más que comenzar.

mente nombrados por este, terminaron por socavar la
autoridad de la Junta Central. Autoridad que quedó definitivamente desacreditada tras la completa derrota de
las tropas españolas en Ocaña en noviembre de 1809.

De esta manera, la exigencia de un verdadero gobierno de concentración, demandada desde hacía
tiempo por algunos militares cesaristas como Palafox y
el marqués de La Romana, también solicitada con urgencia por la propia aliada Gran Bretaña deseosa de
poder tratar con un interlocutor representativo, fue un
verdadero clamor. Desacreditada y ofendida, la Junta se

retiró ante los franceses, primero a Sevilla y luego a Cádiz, donde terminaron por dimitir entre los insultos y vejaciones de los «patriotas» gaditanos. Como consecuencia, la Junta se vio sucedida por la conservadora Regencia de los cinco, entre cuyos miembros se encontraba el omnipresente general Francisco Javier Castaños. La Regencia fue formada oficialmente en enero de 1810 y presidida por el obispo de Orense, Pedro Quevedo y Quintano, personalidad oscurísima que más adelante daría en hacerse famoso nada menos que por su denuncia pública de la doctrina de la soberanía nacional. También la Regencia quedó pronto cautiva entre las tendencias liberales de la junta de comerciantes gaditana y el claro obstruccionismo del Consejo de Castilla. De manera que, entre unos y otros, el gobierno central de España había desaparecido en la práctica.

En este sentido, resultan absolutamente elocuentes las reflexiones de un comisario británico encargado de bregar con las diferentes juntas:

> Cada provincia rehusaba a permitir que su ejército fuese mandado por un general de otra; cada junta competía con la vecina para obtener una mayor asignación de las armas y municiones que el gobierno británico había ordenado distribuir a sus acosados agentes militares. Ninguna junta consideraba a la Junta Suprema, eventualmente constituida en respuesta a repetidas sugerencias británicas.
>
> [...]
>
> Los celos engendrados por este apasionado provincialismo fueron tan agudos que por un momento pareció que el país se deslizaba hacia una guerra civil. La Junta de Galicia rehusaba a cooperar con la de Castilla [...]. Las juntas asturianas se negaban a abastecer al ejército de Galicia al mando del general Joaquín Blake [...].

Los miembros de la Junta de Sevilla se guardaban la paga de sus tropas y amenazaban con enviar a su impagado ejército a atacar Granada cuya junta rehusaba reconocer su supremacía.

Para muestra un botón lexicológico, nada como recurrir al lenguaje de la época para entender cómo «los poderes» surgidos más o menos espontáneamente tras los sucesos de Bayona, aludiendo claramente a la coyuntural orfandad de poder, pensaban más en casullas, crucifijos e hidalguías que en el sentido revolucionario de su flamante acceso a la soberanía. Un simple análisis del tenor de sus proclamas muestra bien a las claras cómo la ideología de las juntas provinciales caminaba aún sólidamente unida a los principios ideológicos del Antiguo Régimen. Así, las menciones a la providencia divina, el desprecio étnico y el recuerdo constante al mito de la Reconquista frente al islam, son lugares comunes en la documentación emanada de estas instituciones:

> Españoles: esta causa es del Todopoderoso; es menester seguirla ó dexar una memoria infame a todas las generaciones venideras. Baxo el estandarte de la Religión lograron nuestros padres libertar el suelo que pisamos de los inmensos exércitos mahometanos, y nosotros ¿temeremos ahora envestir a una turba de viles ateos, conducidos por el protector de los judíos? Nuestros venerables padres, aquellos héroes que derramaron tan gloriosamente su sangre contra los agarenos levantarían la cabeza del sepulcro, y furibundos gritarían contra nuestra cobardía, desconociéndonos por hijos suyos... Nobles gallegos: sabios sacerdotes: piadosos cristianos de este afortunado suelo: vosotros sois los primeros y más obligados a sacudir el

yugo de tan vil canalla: vosotros depositarios del cuerpo del Apóstol Patrón de las Españas de Santiago; honrados con los sagrados trofeos del Santísimo Sacramento, que adornan nuestros Estandartes.

Proclama de la Junta de Galicia en:
Colección de proclamas, bandos, órdenes,
discursos, estados de exército y relaciones de
batallas publicados por las juntas de Gobierno.
Cádiz, 1808.

Finalmente, los diputados gaditanos y la proclamación de la soberanía nacional en España consiguieron enderezar el curso de la guerra con su feliz remate. Para entonces Carlos IV ya no contaba como rey para nadie, sería su díscolo hijo, el «deseado» Fernando VII, el encargado de protagonizar la restauración borbónica en España.

AÑOS DE EXILIO

Mientras Napoleón enviaba sin excesivo miramiento a Fernando VII en compañía de su hermano Carlos y su tío el infante Antonio al castillo de Valençay, donde vivirán bajo la custodia del astuto Tayllerand, Carlos IV, su esposa, sus hijos menores, Godoy y la numerosa corte emprendieron el camino del retiro que les había asignado Napoleón en el castillo de Compiègne, en la región de la Picardía francesa. No menos de doscientas personas dispuestas a comportarse en Francia como una verdadera corte real. La realidad distó mucho de sus aspiraciones, en primer lugar porque el clima picardo sentaba rematadamente mal al rey que sufría de gota y, sobre todo, porque Napoleón no pensaba cumplir con los cuantiosos pagos prometidos a Carlos IV a cambio de su reino. Al fin, el rey se armó de valor y solicitó su traslado a Niza, petición que Bonaparte aceptó de mil amores, dejando muy claro que «el rey viaja y se establecerá en Niza por su propia cuenta». De este modo, el Estado francés, que argüía que las cosas marchaban rematadamente mal en España, se aseguraba un permanente relajo en los pagos debidos que siempre eran modificados a la baja. Así, y a pesar de que la tesorería general del Imperio libró al rey en 1809 un pago de dos millones y medio de francos de los nueve que se le adeudaban, las cifras no hicieron más que menguar, para convertirse en doscientos mil francos mensuales en 1810 y tan solo ciento cincuenta mil al año siguiente. Muy pronto María Luisa comenzaría a empeñar joyas personales para subsistir, al tiempo que desde España y sobre todo tras la restauración en el trono de su hijo Fernando, se les reclamaban «las alhajas de la Corona», es decir, las joyas patrimoniales de los Borbones que no eran enajenables pues pertenecían al Estado. La reina siempre se defendió argumentando que tales joyas habían sido entregadas cuando el motín de Aranjuez, y que únicamente había hecho uso de sus alhajas personales.

Tras la búsqueda infructuosa de una vivienda en Niza, la familia consiguió establecerse en Marsella. Comidos por las deudas, Napoleón los envió con cajas destempladas a Roma, el que sería su último destino, donde se estableció aquella extraña corte de los milagros en julio de 1812. Allí les fue relativamente mejor, la familia se estableció en el elegante palacio Borghese y disfrutó incluso de una especie de «real sitio» en la villa de Albano, situada a catorce millas de Roma. En Albano el achacoso rey pudo volver a la caza y a su obsesión por los relojes, ocupaciones más que suficientes para quien era descrito en sus memorias por Antoine Thibaudeau, prefecto de Marsella, como: «un anciano alto y elegante, a pesar de estar paralizado por la gota.

El insalubre castillo de Compiègne, en la Picardía francesa, fue el primer destino en el exilio de la corte peculiar de Carlos IV. Como real sitio de la monarquía francesa, por sus estancias pasaron desde María de Médicis hasta Napoleón Bonaparte, que lo visitó en muchas ocasiones, utilizándolo como lugar de descanso entre campañas.

Hombre bueno y honrado, sencillo pero ignorante y resignado con su destino».

En 1814, con la caída definitiva de Napoleón, la familia de Carlos IV vivió, todavía en Roma, en la incómoda villa Barberini, bajo el férreo control de su hijo ya restaurado como Fernando VII el 11 de diciembre de 1813 tras la victoria española en la guerra de la Independencia. La cada vez más menguada corte del «rey viejo» se pobló de espías y delatores, empeñados en descubrir el paradero de las célebres «alhajas». Ahora dependían económicamente de la menguada pensión que les había concedido Fernando y entre las cortedades y el mal invierno de 1818 la real pareja se fue agostando. La reina quedó encamada a causa de una doble fractura de piernas, Godoy contrajo la malaria y a punto estuvo de morir y el rey, que parecía haber abierto los ojos después de tantos años en compañía del «amigo», decidió abandonarlos en Roma con sus dolencias para ir a visitar a su hermano Fernando en Nápoles. Allí fue informado de que María Luisa se moría, pero prefirió permanecer en la capital napolitana, permitiendo que fuese Manuel Godoy quien la acompañase en sus últimos momentos. La reina murió el 2 de enero de 1819, Carlos IV la seguiría bien pronto, falleciendo dieciséis días después en Nápoles, cuando ya preparaba su regreso a Roma. Por orden de Fernando VII, los restos de la real pareja fueron trasladados con la pompa habitual al panteón real de San Lorenzo de El Escorial.

Godoy, abandonado por todos como cabía esperar una vez desaparecidos sus protectores, terminó sus días en París. Hasta su querida Pepita Tudó, convencida de que el único amor de Manuel había sido la reina María Luisa, un amor que ella misma calificaba poéticamente de «interminable y desesperado», le abandonó para regresar a España, dejándolo solo, lleno de deudas y alojado en una misérrima buhardilla. En época de Isabel II fue parcialmente rehabilitado, pero Godoy, ya octogenario, no sentía deseos de regresar. Murió el 4 de octubre de 1856, siendo pobre pero dignamente enterrado en el romántico cementerio parisino de Père-Lachaise, donde aún permanecen sus restos, situados en el recoleto «islote de los españoles».

5

Fernando VII (1808; 1813-1833). Liberales y absolutistas

Nacido en El Escorial el 14 de octubre de 1784, Fernando era en realidad el noveno hijo, quinto varón, de los catorce habidos en el matrimonio entre Carlos IV y María Luisa de Parma. Pero tras el acceso al trono de su padre en 1788, ya se había convertido en príncipe heredero debido al prematuro fallecimiento de sus hermanos mayores. Así, el 23 de septiembre de 1789 era solemnemente proclamado príncipe de Asturias ante las Cortes españolas en el madrileño monasterio de los Jerónimos. Ya hemos narrado en el capítulo anterior cómo el príncipe Fernando se crió bajo el estupor que le causaba el imparable ascenso de Manuel Godoy y el resentimiento por lo poco que sus augustos padres contaban con su persona a la hora de dirimir las cosas del gobierno. Es indudable que ambas circunstancias ayudaron en mucho a forjar su extraña forma de ser, caracterizada, como se sabe, por vivir en la permanente suspicacia, mostrando en general un comportamiento hosco y reservado, «no reía apenas y hablaba poco» nos dice su biógrafo Rafael Sánchez Mantero. No obstante, en cuanto se alejaba de los ámbitos, digamos, oficiales, se mostraba de otra manera, le gustaba departir con gentes extraídas del pueblo más llano, la célebre «camarilla», entre los que se encontraba a sus anchas, disfrutando de los toros, su gran pasión, de la tertulia o del billar.

Aunque la historiografía siempre se ha mostrado muy crítica con su persona, tachándolo de individuo torcido e ignorante, hay que decir con respecto a esto último que al menos era capaz de traducir del francés una obra tan compleja como *Historia de las revoluciones de la República romana* del historiador René Vertot (1655-1735), traducción que, por cierto, su padre no quiso publicar. En cuanto a la doblez perenne del personaje, a su mezquindad y cobardía, deben cabernos pocas dudas, pues se pasó toda su vida conspirando, afirmando una cosa y la contraria, ya fuera ante Napoleón o ante las Cortes españolas: aquí no se puede hablar más que de instinto de supervivencia o pura felonía, en los grados que se quiera establecer. No obstante, su odio frontal hacia Godoy y la tibia actitud de sus padres hacia su persona, le hicieron ganarse en muchas ocasiones el aprecio del pueblo llano, que veía en el príncipe Fernando, tan grande y feo como era, un desvalido retoño maltratado por unos progenitores desnaturalizados, entregados vilmente al arbitrio de un valido sin escrúpulos. De ahí el anhelo por el regreso del «Deseado» tras la guerra contra Napoleón.

Debido a cierta fatalidad que parecía acompañar a sus esposas, Fernando sufrió una azarosa vida conyugal; se vio obligado a contraer matrimonio hasta en cuatro ocasiones, y aun así, únicamente logró obtener descendencia de su último matrimonio con la reina María Cristina, dos hijas y ningún varón, circunstancia que dio lugar al conflicto sucesorio y en definitiva a las guerras carlistas.

Jura de Fernando VII como príncipe de Asturias.
Óleo de Luis Paret, 1791. Colección Real del
Museo del Prado. El acto, celebrado con gran pompa en
presencia de los representantes en Cortes, al estilo
tradicional de la Corona española, tuvo lugar en la mañana
del miércoles 23 de septiembre de 1789 en la iglesia del
monasterio de San Jerónimo el Real.
Fernando tenía entonces cinco años de edad.

En 1802 casó el todavía príncipe Fernando con su prima María Antonia de las Dos Sicilias (1784-1806), hija de Fernando I de las Dos Sicilias y de María Carolina de Austria. María Antonia sufrió dos abortos que resintieron mucho su ya quebrantada salud, falleciendo a causa de la tuberculosis en mayo de 1806. Fernando, exiliado en Valençay por mandato de Napoleón, tras su renuncia obligada al trono, no tuvo oportunidad de pensar en contraer un nuevo matrimonio hasta fechas posteriores a su restauración como rey de España. En 1816, ya consolidado como monarca, casó en segundas nupcias con su sobrina Isabel de Braganza (1797-1818), infanta de Portugal, hija de su hermana mayor Carlota Joaquina y del rey de Portugal Juan VI. Isabel lo detestaba por sus continuas infidelidades, aun así estuvo a punto de darle una hija, pero murió tan solo dos años después de haber contraído matrimonio a causa de una cesárea mal practicada. Decidido a obtener un heredero cuanto antes, Fernando casó por tercera vez al año siguiente con María Josefa de Sajonia (1803-1829), hija de Maximiliano de Sajonia y de Carolina de Borbón-Parma. Educada en un convento, María Josefa era una princesa de quince años, muy bella, de grandes y expresivos ojos azules, que muy pronto se ganó el afecto de Fernando. Lo que este desconocía era la profunda religiosidad de la princesa alemana que obligaba a su marido a rezar el rosario diariamente en su compañía. En sus relaciones se mostró pacata hasta el extremo, lo que contrastaba vivamente con el ímpetu amatorio del rey, tanto es así que el papa Pío VII hubo de intervenir para que la reina se aviniese a yacer con su esposo, explicándole que aquello era «lo normal y lo que se esperaba de una reina». Con todo, en diez años de convivencia no pudieron concebir hijos. Se sabía que el rey sufría macrosomía genital, por lo que sus médicos le habían aconsejado utilizar durante sus relaciones sexuales con

María Cristina de Borbón, cuarta esposa de Fernando VII
y la única con la que tuvo descendencia. Retrato de
la autoría de Vicente López. 1830.
Colección Real del Museo del Prado.

la reina una almohadilla circular con un orificio en el centro, a fin de no causar daño a su esposa.

Finalmente, en 1829, a los pocos meses de perder a su tercera mujer a causa de unas fiebres, el rey casó con María Cristina de Borbón-Dos Sicilias (1806–1878), hija de su hermana menor María Isabel de Borbón y de Francisco I de las Dos Sicilias, y por tanto, sobrina carnal de Fernando. Antes se le había ofrecido como esposa una princesa de Baviera, pero el rey, que ya había tenido bastante en su trato con las pías princesas teutonas, dijo en aquella ocasión: «no más rosarios». María Cristina, que luego desempeñaría un importante papel como regente durante la minoría de edad de Isabel II, le dio por fin dos hijas a Fernando: Isabel (1830-1904), reina de España como Isabel II (1833-1868) y Luisa Fernanda (1832-1897), que contraería matrimonio con Antonio de Orleans, duque de Montpensier, hijo menor de Luis Felipe de Orleans, rey de Francia, y de María Amalia de Borbón-Dos Sicilias.

Valençay

En el capítulo anterior, habíamos dejado a la familia real española camino del exilio; mientras Carlos IV y su profusa corte se encaminaban hacia Compiègne, Fernando, en compañía de su hermano Carlos y su excéntrico tío, el infante Antonio de Borbón, se dirigían al castillo de Valençay, situado en el valle del Loira, donde les aguardaba su propietario, el incombustible Charles Maurice de Talleyrand, príncipe de Benevento, tal vez junto con el director de la policía napoleónica Joseph Fouché, el más sagaz político de su tiempo, capaz de estar con todos y con nadie, como demostró formando parte de todos los gobiernos de Francia desde la revolución hasta Luis Felipe. Claro que él mismo parecía poseer el secreto de su permanencia, como dejó dicho una vez: «Conozco a alguien que tiene más espíritu que Napoleón, que Voltaire, que todos los ministros presentes y futuros: la opinión pública».

El castillo de Valençay había sido adquirido por el propio Talleyrand con los dineros que le había enviado Godoy para comprar su apoyo. No se sabe si por homenaje a España, Talleyrand lo había poblado con quinientas ovejas merinas procedentes de la Península ibérica, con venados de El Escorial y hasta con conejos procedentes de Aranjuez, de forma que la comitiva regia podía hallarse como en casa. Era Valençay un sitio hermoso y agradable, del cual la escritora George Sand escribiría años después que «este lugar es uno de los más bellos de la Tierra y ningún rey podría tener un jardín más pintoresco». Talleyrand cuenta con bastante detalle en sus memorias sus impresiones sobre la estancia real en el exilio. Como no podía ser de otra manera, consideraba a Fernando y a su hermano Carlos unos príncipes muy religiosos, un tanto rudos y poco instruidos. A Fernando llegó a describirlo como «aquel príncipe desgraciado, pío e ignorante» —apenas visitaban su nutrida biblioteca—. Llegando a escribir: «todo lo que uno podía decir de ellos a lo largo de aquellos cinco años es que vivían». En honor a la verdad, hay que decir que su excéntrico tío Antonio, amante de la costura y los bordados, detestaba los «peligrosos libros» del príncipe de Benevento. Siempre que podía, se deslizaba en la biblioteca para arrancar textos y estampas que consideraba «pecaminosas», haciendo lo imposible para que sus sobrinos se mantuviesen alejados de los libros, dedicados a sus clases de baile y a la caza.

A ojos de todos, Fernando parecía resignado e incluso contento con su destino en el exilio. A las alturas de 1809 nadie hubiese podido asegurar que la estrella de Bonaparte llegaría a agostarse, pero lo hizo, y Fernando recuperó su trono, convertido en «el Deseado».

Vista actual del castillo de Valençay, hogar del astuto
Talleyrand y exilio dorado de Fernando y Carlos de
Borbón. Su anfitrión dejó escrito en sus memorias pasajes
tan sabrosos como este: «Había tratado yo de hacerles
pasar algunas horas en la biblioteca; pero no conseguí
grandes éxitos, aunque el bibliotecario, Feroc, y yo
probásemos todos los medios que se nos ocurrieran para
retenerlos allí [...]. No me atrevo a decir hasta qué punto
fue todo inútil».

En el mismo Valençay se firmó el tratado por el que se
le devolvía la Corona de España y las Indias, corría el 11
de diciembre de 1813. El novelista español del siglo XIX
Benito Pérez Galdós contará en uno de sus *Episodios
nacionales* que, cuando Napoleón logró escapar de la
isla de Elba, Fernando convocó a su gabinete para tratar tan preocupante asunto. El ayuda de cámara, ner-
vioso, no acertaba a vestir al rey como se debía y el rey
le dijo, usando el gracejo que reservaba para ocasiones
puntuales: «Vísteme despacio, que tengo prisa». Frase que
ya ha quedado incorporada para siempre en el acervo
popular. Tanto como aquella otra, no menos célebre:

«Así se las ponían a Fernando VII»; que se ha aplicado bastante erróneamente al parecer a muchos otros reyes españoles, desde Felipe II a Carlos III. Aunque es más que probable que el origen de la frase, pese a lo primero que pueda pensarse, procede del gusto del hijo de Carlos IV por el billar, que solía jugar con la gente de su célebre camarilla, la cual, naturalmente, de vez en cuando le dejaba a la mano alguna que otra carambola a fin de no incomodarle.

La Restauración fernandina. Serviles y liberales

El retorno a España de «el Deseado» tras la caída de Napoleón puso de manifiesto hasta qué punto el rey pretendía volver al modelo de gobierno y sociedad que había conocido con anterioridad a 1808. Fortalecido por el estado de cosas en Europa que había desembocado en los acuerdos del Congreso de Viena y en la creación de la Santa Alianza como parapeto protector y brazo armado de los reyes absolutos de Europa, sintiéndose apoyado por los mandos militares y por un importante número de diputados de sentir antiliberal, el rey comenzó a barajar el regreso del país a los cánones absolutistas. En este sentido, le vino muy bien la iniciativa emprendida por un nutrido grupo de diputados que, bajo el liderazgo más o menos expreso de Bernardo Mozo de Rosales, aunque se llegó a pensar que el mismo Jovellanos estaba tras aquel proyecto, prepararon la redacción de un largo excurso dirigido al rey, en el que se le recomendaba el regreso a las viejas leyes del país. Se trataba del conocido Manifiesto de los persas, documento presentado al rey el 12 de abril de 1814, conocido así, precisamente, por su peculiar y retórico encabezamiento:

Señor:

1. Era costumbre en los antiguos persas pasar cinco días en anarquía después del fallecimiento de su rey, a fin de que la experiencia de los asesinatos, robos y otras desgracias les obligase a ser más fieles a su sucesor. Para serlo España a V. M. no necesitaba igual ensayo en los seis años de su cautividad...

Para llegar, tras no pocas vueltas y circunloquios, al artículo 143, donde por fin «los persas» evidencian sus deseos de regreso al absolutismo, pues, aunque hablan de crear nuevas Cortes, se refieren siempre a las de tipo tradicional, reunidas por brazos o estamentos, suplicando al rey la anulación de la ingente tarea de las de Cádiz.

El cambio de régimen tuvo lugar al fin con la publicación del Real Decreto del 4 de mayo mediante el cual se pretendía restablecer el viejo orden político. De esta forma, se procedió a desmontar el incipiente Estado liberal proclamado en Cádiz: la Constitución fue suspendida, las Cortes disueltas y su labor legislativa anulada, declarando «nulos y de ningún valor y efecto» todos los actos de gobierno de la cámara. No quedaba por tanto duda alguna sobre el talante absolutista del rey recién restaurado en el trono. El siguiente paso en este camino de retorno fue, como cabría esperar, una severa represión contra los pocos líderes liberales que quedaban en España a esas alturas. La mayoría de ellos fueron encarcelados, procesados y condenados a duras penas de prisión o destierro. De esta forma, el rey y su camarilla privada de amigos y asesores de escasos o nulos méritos, de la que tanto se ha hablado, tuvieron manos libres para dedicarse a restablecer en los meses siguientes y una a una las principales instituciones del Antiguo Régimen. Primero fueron los consejos: de Castilla, de Estado, de Indias y, aún más significativo, el

Fernando VII con manto real, retratado por Francisco de Goya en 1815, cuando el rey solo se entendía a sí mismo como un soberano absoluto; luego, en función de las circunstancias, cambiaría varias veces de parecer.
En la obra, que se conserva en el Museo del Prado, el monarca aparece revestido de los símbolos de su realeza, con el manto púrpura, forrado de armiño y sosteniendo en su mano derecha el cetro con las armas de Castilla y de León. Cruza su pecho la banda de Carlos III y ostenta el Toisón de Oro.

de la Inquisición, y poco después las secretarías de despacho, las audiencias, los gremios, incluso las antiguas y arcaicas plantas de gobierno municipal; en suma, todo un ejercicio de la más pura involución. Con todo, lo peor de este lamentable panorama político fue que ni siquiera se pudo conservar la tradición reformista de los Borbones del siglo XVIII, y los ministros iban y venían al capricho del monarca sin conocer lo que se esperaba de ellos. El despotismo ministerial de otros tiempos no podía funcionar sin cuadros capaces y solventes, y menos aún en medio de la profunda quiebra económica que siguió a la guerra. En palabras del historiador español Josep Fontana (de su obra de 1978 *La quiebra de la monarquía absoluta*): «que los consejeros habían resultado poco inteligentes no es obra del azar, sino de un proceso de selección negativa», y añadiremos que casi siempre fueron elegidos de entre los miembros más destacados del pensamiento reaccionario y clerical, nada familiarizados con el complejo mundo de las finanzas y de la Hacienda.

Entretanto, España era un país en ruinas con una deuda pública próxima a los doce mil millones de reales, cantidad trece veces superior a los ingresos corrientes de la Real Hacienda. En realidad, al rey Fernando parecían traerle más bien al fresco los intentos de articulación económica del país por parte de sus ministros. El gran cronista de su tiempo, Ramón de Mesonero Romanos, cuenta en sus memorias que en 1818, con motivo de la visita real a la Exposición Pública de Industria Española, cuando los fabricantes catalanes de telas le mostraron su género pidiendo sus clásicas y archiconocidas medidas proteccionistas, el rey, cansado de ver estampados, exclamó: «¡Bah! Todas estas son cosas de mujeres». Y se fue tranquilamente a dar un paseo por el madrileño parque del Retiro.

Así, el fracaso económico y financiero del Estado condujo a una verdadera bancarrota nacional que vino a ser un excelente caldo de cultivo para una contraofensiva liberal que se hará efectiva a través del hecho político más clásico de nuestro siglo XIX: el pronunciamiento. En lo básico, sus rasgos definitorios eran siempre los mismos, consistía en una insurrección de oficiales del ejército que solían apoyarse en un cuerpo doctrinal un tanto difuso, justificado en la voluntad popular, en la lucha contra el mal gobierno y la tiranía. Así, la larga serie de pronunciamientos ocurridos entre 1814 y 1820: Francisco Espoz y Mina en Pamplona (1814), Juan Díaz Porlier en La Coruña (1815), la «conspiración del Triángulo» de Vicente Richart y Mariano José Renovales que pretendía nada menos que el secuestro del rey (1816), las intentonas de Luis Lacy en Barcelona y Palma (1817) y de Joaquín Vidal en Valencia (1819), muestran una sutil mezcla de descontento militar, ambición frustrada y principios liberales que terminaron por fracasar, casi siempre por la precipitación con que se llevaban a cabo a causa del miedo a verse descubiertos.

Sin embargo, el que en principio se mostraba como un pronunciamiento más, protagonizado el 1 de enero de 1820 por el comandante Rafael del Riego y por el coronel Antonio Quiroga en la sevillana Cabezas de San Juan, sublevando a la tropa que debía embarcar para América en un nuevo y vano intento de sofocar la revuelta independentista, tuvo un inesperado éxito. Las claves del triunfo del pronunciamiento de Riego tenemos que buscarlas, naturalmente, en la debilidad del poder en este momento, pero también en las especiales circunstancias en las que se desarrolló. Así, Antonio Alcalá Galiano explica en sus memorias, publicadas en 1886, no sin cierta malicia, que la repugnancia de la tropa a embarcarse hacia América a bordo de unos barcos de cascos carcomidos que habían sido comprados a un precio abusivo a Rusia hizo que: «por vez primera soldados rasos y sargentos habían sido sensibles a las ideas sublimes y generosas de sus oficiales». Aquel bochornoso asunto de los barcos rusos, que tanto ha estudiado el historiador Josep Fontana, parece ser que fue un negocio extremadamente corrupto pergeñado por «la camarilla», esto es Francisco Ramón de Espés, duque de Alagón; Ramírez de Arellano, ayuda de cámara del rey, el antiguo «esportillero» Antonio Ugarte, el otrora aguador Pedro Collado, alias «Chamorro» y, sobre todo, el embajador ruso Dimitri Tatischeff. El intrigante embajador Tatischeff logró vender al Estado español cinco navíos de setenta y cuatro cañones y tres fragatas de cuarenta y cuatro cañones que serían destinados al transporte de tropas y a sofocar en el mar los levantamientos independentistas. Ultimada la operación, los barcos llegaron a Cádiz el 21 de febrero de 1818. Ya no venían en muy buenas condiciones, pero su absurda permanencia en el arsenal de La Carraca durante dos largos años acabó por arruinarlos. Sea como fuere, el pronunciamiento de Riego y la proclamación de la Constitución de 1812 causó una sucesión de revueltas en el entorno peninsular (La Coruña, Zaragoza, Pamplona, Barcelona...) que obligaron al rey a restablecer la Constitución de 1812 el 8 de marzo con un inflamado discurso cuyas palabras son aún hoy ejemplo de cinismo político, entonando solemnemente aquella recordada sentencia: «marchemos francamente y yo el primero por la senda constitucional», dando así paso al breve periodo de gobiernos liberales (1820-1823) conocido como el Trienio Constitucional, o indistintamente como el Trienio Liberal.

EL TRIENIO CONSTITUCIONAL

A pesar de su casi inesperado triunfo, los liberales seguían siendo una minoría en el país. Una minoría, además, dividida al menos en dos tendencias en principio poco afines y poco después irreconciliables. Por un lado los doceañistas o moderados como José Canga Argüelles, Francisco Javier de Istúriz, Francisco Martínez de la Rosa o José María Queipo de Llano, conde de Toreno, partidarios del peculiar modelo de monarquía parlamentaria propuesto en la Constitución de Cádiz, en la práctica poco menos que irrealizable por la excesiva capitalización del poder que reservaba para las propias Cortes, dejando así al ejecutivo y al propio rey en una indefinición de tareas. Por la otra, los nuevos hombres de la revolución, los veinteañistas o exaltados, defensores de un modelo liberal más radical, basado en la petición de la soberanía popular para la nación, despreciando con claridad la figura del monarca, entre los que destacaban Juan Álvarez Mendizábal, Antonio Alcalá Galiano, Evaristo de San Miguel y, naturalmente, los propios Quiroga y Riego.

Aunque la revolución de 1820 la hicieron los exaltados, los primeros gobiernos del Trienio, tal vez por el prestigio que aún conservaban los padres de la Constitución de 1812, fueron moderados. Su primera tarea fue el desmantelamiento del recién restaurado Antiguo Régimen y la reconstrucción del Estado liberal. De esta forma, tras las elecciones de julio de 1820 que proclamaron unas Cortes de mayoría moderada, el gobierno de Evaristo Pérez de Castro inició una política reformista que incluyó algunas medidas radicales como la desamortización y supresión de los conventos de las órdenes monacales, y la abolición de los señoríos y mayorazgos. Sin embargo, a los ojos de los exaltados las reformas no iban suficientemente deprisa, sobre todo tras el giro a la moderación evidenciado en la formación del gobierno de Eusebio Bardají, nombrado en marzo de 1821. Desde este momento, los caminos de unos y otros fueron divergentes, fomentando de alguna manera la revitalización de la reacción absolutista. Así, pese a que el gabinete de Francisco Martínez de la Rosa (marzo de 1822) elaboró proyectos de alcance como la necesaria reforma presupuestaria y fiscal, la ley de Instrucción Pública, el nuevo Código Penal o la división administrativa de España en cuarenta y nueve provincias, en la práctica no les fue posible gobernar, en parte por la aparición de las primeras partidas contrarrevolucionarias, pero también por el creciente divorcio de los exaltados con el poder. Así, la caída de Martínez de la Rosa dejó al régimen de 1820 falto de apoyos, tanto en las élites moderadas como en el pueblo, tal vez influenciado por las incertidumbres creadas tras la reforma agraria. De esta forma, cuando el gobierno pasó a manos de los exaltados en el verano de 1822 parecía claro que la revolución liberal tenía los días contados. La intervención militar extranjera estaba ya acordada por las potencias de la Santa Alianza (Austria, Prusia, Rusia y Francia) desde el Congreso de Verona (octubre-noviembre de 1822), pero no fue hasta el 6 de abril del año siguiente, una vez obtenida la seguridad de la no intervención británica y recibida la petición formal por parte de Fernando VII, cuando las tropas francesas de Luis Antonio de Borbón, duque de Angulema, los llamados Cien Mil Hijos de San Luis, cruzaron la frontera obteniendo una cómoda victoria sin casi resistencia que se hizo efectiva con la caída de Cádiz el 1 de octubre de 1823. El mismo día, Fernando VII firmó un decreto por el que se anulaban todos los actos de gobierno del Trienio. El ajusticiamiento de Riego el 7 de noviembre es un símbolo de lo que estaba por venir; sin prejuicio alguno, el rey decidía volver al régimen establecido a su regreso en 1814, dando lugar al periodo conocido, significativamente, como la Década Ominosa (1823-1833).

¿Y qué sucedió con América? Al igual que en la península ibérica, con la invasión francesa surgieron las primeras juntas a partir de los cabildos locales. Pronto se hizo evidente en el seno de las mismas el profundo divorcio entre el sentir peninsular y el criollo. Tanto es así que la primera declaración de independencia sancionada por una junta se produjo por voz de la de Buenos Aires en la temprana fecha de mayo de 1810. Sin embargo y por el momento, las tropas de José Fernando de Abascal, por entonces virrey del Perú, reforzadas con los diez mil hombres enviados por Fernando VII a su regreso a España, sofocaron en la práctica la rebelión, abriendo un paréntesis de relativa y engañosa calma que romperán de modo definitivo los líderes de la emancipación americana José San Martín y Simón Bolívar. Así, en 1817, el primero, tras proclamar la independencia de Argentina, atraviesa los Andes en una arriesgada operación y libera Chile. Por su parte, Bolívar con las victorias de Boyacá (1819) y Carabobo (1821) pudo fundar la Gran Colombia que trataba de agrupar las antiguas entidades coloniales del virreinato de Nueva Granada, la capitanía general de Venezuela, la presidencia de Quito y la provincia libre de Guayaquil, sentando los cimientos del fin del dominio español en América. Tan solo era cuestión de tiempo, en 1820 cuando tuvo lugar la proclamación de Riego en Cabezas de San Juan, la Corona de España tan solo conservaba el control efectivo del Perú, así como el del virreinato de Nueva España, que vivía asimismo agitado por la rebelión, y donde el general Vicente Guerrero mantenía viva la insurrección (tan solo un año después, en 1721, Agustín de Iturbide y el virrey Juan O'Donojú sancionarían con la firma del tratado de Córdoba la independencia de México). Finalmente la presión conjunta de San Martín y Bolívar con las victorias de Guayaquil (1822) y Ayacucho (1824) terminaron con cualquier resistencia española en América. Ni siquiera pudo contar Fernando VII con el apoyo de las potencias legitimistas europeas, las nuevas naciones se beneficiaron del reconocimiento de los países anglosajones y, especialmente, de la política desarrollada por Estados Unidos a favor de una *América para los americanos*, doctrina firmemente defendida por el presidente James Monroe desde finales de 1823. De todos modos, la profunda quiebra de la Real Hacienda tampoco permitiría una nueva intervención bélica, por lo que el proceso independentista fue irreversible. Como resultado, España se convirtió definitivamente en una potencia de segunda fila obligada a una profunda reflexión interna en todos los órdenes.

La Década Ominosa

Aunque la última década del reinado de Fernando VII es un periodo presidido por el signo del absolutismo, resultaba obvio que el Trienio Constitucional no había transcurrido en balde. La vida pública española no era la misma que en 1812, los procesos de elecciones, el asociacionismo y la prensa política familiarizaron a la población y en especial a la burguesía con las nuevas ideas. Por eso, el absolutismo recién implantado tenía pocas posibilidades de éxito ante los profundos problemas políticos y económicos de la nación. Aun así, el proverbial empecinamiento y la visión obtusa de las cosas propios de aquel rey le inclinó a aplicarse vehementemente en el ya imposible regreso al Antiguo Régimen, efectuando de paso una fuerte represión que obligó a exiliarse a varios miles de personas, muchas de las cuales, como José María Queipo de Llano, Francisco Martínez de la Rosa, José Canga Argüelles, Juan Álvarez Mendizábal, Álvaro Flórez Estrada o Ángel de Saavedra, duque de Rivas, hicieron de Londres la capital del liberalismo español durante estos años. Las instituciones más representativas del absolutismo fueron restablecidas. Tal fue el caso de mayorazgos y señoríos, del diezmo o de los bienes desamortizados, que fueron devueltos a sus antiguos propietarios. Sin embargo, soportando la presión del llamado sector apostólico, el más duro de la reacción, Fernando VII nunca se avino a restaurar la Inquisición y, en su lugar, estableció el 13 de enero de 1834 a la imagen de Francia la Superintendencia General de Policía del Reino que asumió, además de sus funciones propias, muchas de las que habían correspondido al Santo Oficio, como la persecución de los libros prohibidos. Tratando de obviar la desgana con la que el rey afrontaba los asuntos de gobierno, Tadeo Calomarde al frente del Ministerio de Gracia y Justicia y Luis López Ballesteros su homólogo en la Hacienda entre 1823 y 1832 intentaron articular en lo posible el Estado. El primero asegurando el control policial y la censura para desmovilizar políticamente a la sociedad y el segundo afrontando la imposible tarea de sanear las cuentas del Estado sin liquidar previamente el aparato legal y económico del Antiguo Régimen. Aun así, Ballesteros se mostró como un ministro con una buena visión de lo que necesitaba hacerse: introdujo la formación anual de los presupuestos, creó el Banco de San Fernando (1829), redujo gastos y aumentó los ingresos de la Hacienda, creando y reformando impuestos y dotando de paso a la administración de cierta racionalidad. Más aún, en 1831 creó la Bolsa de Madrid y al año siguiente el Ministerio de Fomento, destinado a coordinar los esfuerzos del Estado en materia de gobierno interior, educación, obras públicas y desarrollo económico.

La aparente permisividad del rey con los moderados hizo más temible la oposición de los realistas ultramontanos que la de los propios liberales. Así, a la vez que en diciembre de 1831 la intentona liberal del general José María de Torrijos en Málaga remataba en épico fracaso con aquellos tristes fusilamientos inmortalizados años más tarde en el célebre lienzo de Antonio Gisbert, se fortalecía la reacción aglutinada en torno al cuerpo de los Voluntarios Realistas, compuesto

Extraordinario retrato a lápiz de un Fernando VII
envejecido y cansado, realizado por Federico de Madrazo
y Kuntz, donado por el autor al Museo del Prado junto
a otros cuatro dibujos en 1855.

por unos ciento veinte mil hombres, identificado con la figura y la tendencia ultramontana del hermano del rey, Carlos María Isidro de Borbón. Su credo político era corto y claro: «la unión del Trono y del Altar», es decir, la defensa de la religión y del absolutismo como fundamentos de la nación. Se inicia así de algún modo uno de los problemas más profundos y duraderos del siglo XIX español: la cuestión carlista. Por ahora, la insurrección de los Voluntarios Realistas supuso un problema solo en las zonas más rurales y montañosas de Cataluña y pudo ser controlada en pocos meses. Así, en torno a 1830 España se encontraba en una compleja situación; en Madrid el gobierno y la sociedad, incluso el mismo rey, tendían cada vez más hacia posturas cercanas al liberalismo burgués, sobre todo tras el éxito de la revolución de julio en Francia, mientras muchos sectores rurales y clericales permanecían anclados en las honduras de la ideología del Antiguo Régimen. El conflicto, tantas veces aplazado, estalló al fin a raíz del matrimonio de Fernando VII con María Cristina de Borbón-Dos Sicilias celebrado en 1829 y el nacimiento de su hija Isabel al año siguiente, suscitando la cuestión sucesoria por el trono de España.

El fin del reinado, la ley sálica y el problema carlista

Deseando verse sucedido por su hija, Fernando VII publicó el 29 de marzo de 1830 una pragmática sanción redactada y nunca publicada por su padre en 1789 por la que quedaba sin efecto la ley sálica, establecida a su vez por un auto acordado promulgado por Felipe V en 1713 que impedía reinar a las mujeres al preferir siempre cualquier posible sucesión masculina. De esta forma se anulaban inesperadamente los

Fusilamiento de Torrijos y sus compañeros,
obra de Antonio Gisbert de 1888. Un episodio que resume
por sí mismo el alcance de aquella época oscura conocida
como la Década Ominosa.

derechos al trono del hermano del rey, Carlos María Isidro de Borbón. La inflamada protesta de este no fue oída y acabó por ser expulsado de España. Pero el problema, lejos de arreglarse, tan solo había comenzado. En el otoño de 1832 la salud del monarca se resintió gravemente, adolecía de gota desde hacía años, circunstancia que fue aprovechada por los sectores ultras del gobierno liderados por Tadeo Calomarde, para, en el episodio conocido como «los sucesos de La Granja», arrancar del gabinete de la reina gobernadora la derogación de la pragmática sanción. Sin embargo, la recuperación del rey permitió la anulación de la medida y la reimposición de la pragmática sanción el 28 de septiembre de 1832, lo que supuso la expulsión fulminante de los partidarios de Carlos del gobierno. La tradición afirma, al parecer sin mucho fundamento, que al llegar a San Ildefonso la enérgica hermana de la reina, Luisa Carlota, esposa del hermano menor del rey, Francisco de Paula, rompió en pedazos el decreto derogador ante la cara de Calomarde, al que luego abofeteó. La misma tradición sostiene que fue entonces cuando el ministro entonó la célebre frase: «Señora, manos blancas no ofenden».

Se nombró un nuevo gabinete presidido por el político moderado Francisco Cea Bermúdez quien inició una tímida apertura política abriendo las universidades, cerradas desde 1830, y permitiendo el regreso de los exiliados al conceder una amplia amnistía. Así, el 20 de junio de 1833, poco antes de la muerte de su padre, la princesa Isabel juró en un acto tradicional ante las Cortes como heredera del trono de España. Poco después, el 29 de septiembre de 1833, moría Fernando VII tras un fuerte ataque de apoplejía y era enterrado días después en San Lorenzo de El Escorial, según la tradición retomada por su padre. El mismo 29 de septiembre la reina María Cristina asumió la regencia, iniciando una transición que se abría en medio de la guerra civil entre carlistas e isabelinos, dos caras bien diferentes de una nación dividida.

6

Isabel II (1833-1868). «La de los tristes destinos»

¿Qué había de hacer yo, jovencilla, reina á los catorce años, sin ningún freno en mi voluntad, con todo el dinero á mano para mis antojos y para darme el gusto de favorecer á los necesitados, no viendo al lado mío más que personas que se doblaban como cañas, ni oyendo más que voces de adulación que me aturdían? ¿Qué había de hacer yo? Pónganse en mi caso...
Palabras atribuidas por Benito Pérez Galdós a Isabel II en su entrevista tenida en el palacio de la avenida Kleber de París. Cit.: *Benito Pérez Galdós en Memoranda* (1906).

Hemos querido comenzar este capítulo con las palabras de una dama ya anciana, corría el año 1902, que contemplaba su reinado desde la distancia del exilio parisino; reflexiones que vienen avaladas por la mano magistral del escritor Benito Pérez Galdós. Palabras que resumen con exactitud la realidad que se esconde tras un reinado largo y controvertido, protagonizado por una niña desamparada por su madre, más preocupada por atender a Fernando Muñoz, su marido secreto, y a

143

La reina Isabel II junto a su hija María Isabel Francisca,
pintura realizada en 1852 por el pintor alemán
Francisco Javier Winterhalter, que alcanzó la fama por sus
conocidos retratos de la realeza europea. Una reina que,
aun consumida por la obesidad y la psoriasis, se mostraba
vital y lucida con unos espléndidos veintidós años.

los hijos tenidos con este, que de la educación de las infantas de España. Una niña, al fin, elevada al trono a los catorce años, con una educación muy deficitaria y en medio de las convulsiones de un país en plena transformación que no terminaba de encarar el camino de la modernidad. «¿Qué había de hacer yo?», le confesaba la reina al escritor; no le faltaba razón. Pérez Galdós lo sabía bien, de ahí que la llamase «la de los tristes destinos», pues poca felicidad halló, tanto en su vida pública como en la privada.

Isabel de Borbón había nacido el 10 de octubre de 1830, despertando la felicidad de su padre Fernando VII ante la posibilidad que se le ofrecía de verse sucedido por su propia sangre, ahora que se hallaba en el crepúsculo de su vida. El 30 de enero de 1832 nacía su hermana Luisa Fernanda, de nuevo una niña que mantenía el problema sucesorio en los términos que se había planteado con el nacimiento de Isabel. Ya hemos visto cómo, tras «los sucesos de La Granja» y el fallecimiento de Fernando VII, la reina regente María Cristina de Borbón se encontró de cara con un país dividido, una guerra y la necesidad de tolerar a ministros liberales con los que no comulgaba en absoluto.

Por si la situación no fuera suficientemente preocupante, la regente la complicó aún más al casarse en secreto con un guardia de corps —habría que preguntarse qué cualidades adornaban a los floridos miembros de aquel cuerpo para que frecuentasen con tanta asiduidad en la historia los tálamos reales—, llamado Fernando Muñoz, hijo de una estanquera de la conquense localidad de Tarancón. El matrimonio morganático se celebró en absoluto secreto a los tres meses de haber fallecido Fernando VII. Fue necesario hacerlo así porque una cláusula del testamento del rey establecía que de volver a contraer matrimonio, María Cristina se vería despojada de la regencia del trono de España. En todo caso, era un secreto a voces ya que, solamente du-

Agustín Fernando Muñoz y Sánchez, duque de Riánsares,
conocido como el «señor Medina». Un marido «secreto»
de la reina regente nada secreto.

rante la regencia, que duró hasta el fin de la primera guerra carlista, María Cristina se quedó embarazada hasta cuatro veces, teniendo siete hijos en total con Fernando Muñoz o el «señor Medina», como se haría llamar una vez que la pareja pasó a compartir el exilio en París. La regente siempre mostró mucho más interés por atender abnegadamente las necesidades de la familia que había creado con Muñoz que por la educación de las pequeñas infantas, que crecieron entre notables carencias de afecto, sumidas en una especie de permanente confusión que su corta edad no les permitía aclarar.

De este modo, Isabel y Luisa Fernanda se criaron entre camareras, ayas y tutores. Las personas más cercanas en su infancia fueron la bonancible Joaquina Téllez-Girón, marquesa de Santa Cruz, a la que Isabel consideraba prácticamente su madre; Juana de Vega, esposa del héroe de la guerra de Independencia, Francisco Espoz y Mina, una mujer culta y de carácter que llegó a regir la vida cultural y política de la ciudad de La Coruña; el liberal Agustín Argüelles, uno de los padres de la Constitución de 1812, que ejerció de tutor hasta prácticamente su mayoría de edad; y Luis Ventosa, su profesor principal, si bien atípico, algo «roussoniano», partidario de impartir un aprendizaje más comprensivo que memorístico, usando pocos libros y casi ninguna disciplina académica. El resultado con una princesita caprichosa y bastante malcriada fue el que cabe suponer: la cultura y formación de Isabel II dejaron siempre mucho que desear; escribía con muchas faltas, leía con dificultad en voz alta y tenía serios problemas a la hora de realizar sencillas operaciones aritméticas. Por no aprender, no aprendió ni el francés, que no hablará ni siquiera tras treinta y ocho años de exilio parisino. En este sentido, la labor de Ventosa fue del todo lamentable. Cuando en el discurso de apertura de las Cortes de 1841 se le llamó a Isabel «la alumna de la libertad», el historiador Modesto Lafuente ironizaría diciendo: «mucho de libertad, pero poco de alumna».

Fin de la primera guerra carlista y el exilio de María Cristina. Isabel II, reina de España

Hacia 1836 los carlistas vieron perfectamente que no eran capaces de superar las barreras de sus reductos norteños. Por eso, en un último intento de encontrar adeptos y extender la guerra a otras regiones, iniciaron las conocidas expediciones que de un modo un tanto errático y absurdo recorrieron gran parte del territorio español. Las más conocidas fueron la del general andaluz Miguel Gómez, el legendario «tío Tomás», que tan pronto conquistaba una plaza como perdía la anterior, sin caer nunca derrotado pero sin consolidar nada, y la expedición real de 1837, mandada por el propio pretendiente al trono, tan zigzagueante como la primera, que llegó a las mismas puertas de Madrid para después retirarse sin una razón clara, tal vez por la cercanía de las tropas de Baldomero Espartero acantonadas en Segovia o también por no fiarse en exceso Carlos María Isidro del recibimiento que la población civil podría hacerle. La orden de retirada general tan cerca de la victoria supuso el definitivo deterioro de la moral carlista que ya no se recuperó pese a las actividades exitosas del general Ramón Cabrera en el Maestrazgo y a que el general Rafael Maroto se mantenía firme en el norte. Esta falta de fe en el futuro propició que Espartero convenciese a Maroto, su antiguo camarada de armas, de la necesidad de una paz negociada, hecha efectiva con un escenográfico abrazo que tuvo lugar el 29 de agosto de 1839 en la localidad guipuzcoana de Vergara. Por el convenio allí firmado, los carlistas entregaron sus armas sobre la base de una amnistía am-

Grabado que representa el abrazo de Vergara, extraído de
la obra *Panorama español, crónica contemporánea*
(Madrid, 1845). La escenificación del abrazo entre Maroto
y Espartero (28 de agosto de 1839) en la villa guipuzcoana
de Vergara puso fin temporalmente al problema carlista,
permitiendo el desarrollo del Estado liberal en España.

plia, el reconocimiento de los empleos y los grados de
los oficiales del ejército carlista que optasen por reconocer a Isabel II y la conservación de los fueros vascos y navarros (sancionados posteriormente por la ley
del 29 de octubre de 1839). Con el exilio de Carlos
María Isidro a Francia y la huida hacia el mismo país de
Cabrera en 1840, terminaba el conflicto bélico, pero de
ningún modo la «cuestión carlista» que, de una u otra
manera y como siempre, agrupando ideologías diversas, pervivió a lo largo de la historia profunda de la España contemporánea, como tendremos ocasión de
comprobar.

En el ínterin la necesidad perentoria de apoyos
frente a la carlistada obligó a la monarquía borbónica a
iniciar el tránsito desde el absolutismo moderado hasta
el liberalismo burgués imperante en Europa. Así, en los
inicios del 1834, se nombró primer ministro a Francisco Martínez de la Rosa que fue el encargado de

149

poner a salvo, en palabras del entonces ministro de la Guerra Manuel Llauder, «el trono de Isabel II sin tumultos y sin violencia». El principal cometido del gobierno de Martínez de la Rosa era la redacción de un texto que estableciese las relaciones básicas de un pacto con apariencia de Constitución. Pacto que se hizo efectivo con la promulgación en abril de 1834 del Estatuto Real realizado en gran medida a semejanza de la «carta otorgada» francesa de 1814 que restauraba la monarquía borbónica en la persona de Luis XVIII. De esta manera, se trataba de consagrar la forma más doctrinaria y censataria de liberalismo, bajo el axioma de que solo la plutocracia propietaria poseía el tiempo y los medios para permanecer «correctamente» informada de las necesidades del país. Para los progresistas, las muestras de liberalismo evidenciadas hasta entonces eran tan tibias que el jefe de gobierno Martínez de la Rosa merecía el apelativo poco caritativo de «Rosita la pastelera». Por fin, en septiembre de 1835, la regente se decidió a cambiar el gobierno a fin de dar respuesta al sentir popular y, sobre todo, encauzar en lo posible la revolución liberal. Concedió el poder a Juan Álvarez Mendizábal, un hombre del Trienio, exiliado, como tantos otros, en Londres. Mendizábal accedió al poder con los mejores augurios y prácticamente en loor de multitud; su entusiasmo personal era contagioso. Visto el apoyo logrado de los procuradores, se preparó para desarrollar las principales líneas de un ambicioso programa de gobierno que pretendía a la vez profundizar en el proceso político, terminar con la guerra carlista y resolver el inmenso problema que suponía para el Estado el desmesurado déficit público, iniciando el proceso desamortizador de mayor volumen en la historia de España.

Mientras la desamortización de los bienes del clero tenía lugar, la revuelta protagonizada por oficiales subalternos de la Guardia Real el 12 de agosto de 1836, la conocida «sargentada de La Granja», iba a cambiar muy pronto los deseos de la regente de regresar al moderantismo. Ese día los sargentos arengados convenientemente por el propio Mendizábal irrumpieron en el real sitio de San Ildefonso y forzaron en el mismo acto a la reina regente a aceptar un gobierno progresista y restaurar la Constitución de 1812. De esta forma, María Cristina se vio en la obligación de nombrar como jefe de gobierno a José María Calatrava, otro hombre del Trienio, ocupando Mendizábal la cartera de Hacienda. Muy pronto el gobierno de Calatrava mostró sus coincidencias esenciales con la etapa de Mendizábal. Las primeras medidas recordaban en mucho a la legislación del Trienio Constitucional: liquidación de los restos del régimen señorial, nueva ley de imprenta y ruptura institucional entre el Estado y la Iglesia. Pero el más capital fue el inicio de los trabajos de la necesaria adaptación a los nuevos tiempos de la Constitución de 1812, que, al final, supusieron de hecho la elaboración de la nueva y progresista Constitución de 1837, promulgada finalmente el 18 de junio de ese año.

Desde la promulgación de la Constitución de 1837 bajo el gobierno de Calatrava, se hizo diáfana la evidencia de que nadie iría a ninguna parte sin el concurso de la cúpula militar. El primer dueño de la situación fue el más prestigioso de ellos, Baldomero Espartero. Capitalizando el sentir progresista y al frente de sus incondicionales camaradas de armas en América —Juan Van Halen y Martín Zurbano—, llamados ayacuchos por esa razón, Espartero estuvo en condiciones de exigir a la regente la disolución de las Cortes. María Cristina, muy presionada por todas partes, incluso fue amenazada por Manuel Cortina, jefe de la Junta Radical de Madrid, con revelar su matrimonio secreto con Fernando Muñoz, decidió renunciar a la regencia y exiliarse en París, dejando el principal cargo de la nación en manos de Espartero, por entonces ya poseedor de

Baldomero Espartero, árbitro de la política española durante buena parte del reinado de Isabel II, ha sido el único militar español con tratamiento de alteza real. Rechazó la Corona de España y fue tratado como una leyenda desde su juventud.

los pomposos títulos de duque de la Victoria y pacificador de España. Hoy no cabe ninguna duda de que fue Espartero, con sus maneras caballerosas pero firmes, el encargado de convencer a María Cristina de la necesidad de abandonar el país.

ISABEL II, REINA DE ESPAÑA

Ante el temor de los liberales al regreso de la regente, Isabel II fue proclamada reina constitucional de España en solemne acto ante las Cortes españolas celebrado el 10 de noviembre de 1843. Contaba Isabel trece años de edad, cuatro menos de los que establecía legalmente la Constitución de 1837 para la mayoría de edad real. Ni su deficitaria educación ni su edad eran las idóneas para afrontar semejante responsabilidad. La reina, lejos ya de su madre, trató de paliar su confusión con una evidente tendencia a la libertad de los sentidos, a la rendida vitalidad que presidiría sus días. Ya adolescente, le gustaba emprender viajes, no solo efectuando el conocido círculo borbónico por los reales sitios, sino viajando a menudo al norte del país para tomar las aguas o bañarse en el Cantábrico, una forma de distracción pero también de aliviar la molesta psoriasis cutánea que sufría. Cuando permanecía en la corte, se volvía indomeñable, escapándose con sus íntimos al restaurante madrileño Lardhy, donde acudía de incógnito siempre que podía, a veces conduciendo ella misma un coche de caballos ligero, un faetón o un tílburi. Poseía la llaneza típica de los Borbones, tuteando a todo el mundo y «contemporanizando» con el pueblo sin incomodo alguno. Fue entonces cuando el gobierno de la nación decidió casar a la reina.

Aquel extraño matrimonio

Prácticamente desde que Isabel fuese proclamada reina con trece años, comenzó a buscársele esposo, al fin, una de las cuestiones fundamentales para el Estado. Se barajaron todos los candidatos posibles, un portugués de la casa regia de Braganza, un francés emparentado con los Orleans, el conde de Trapani (un Borbón italiano), incluso se pensó en Carlos Luis, conde de Montemolín, hijo de Carlos María Isidro, como método para dar definitivo carpetazo a la cuestión carlista. Pero desde el principio, la sombra de Francisco de Asís planeaba sobre el tálamo de la reina. Francisco de Asís de Borbón era hijo del infante Francisco de Paula, hermano de Fernando VII, aunque excluido de la línea sucesoria al ser considerado hijo de Godoy y de Luisa Carlota de Borbón-Dos Sicilias, a su vez hermana de la madre de Isabel, María Cristina. Por tanto, Francisco e Isabel eran doblemente primos carnales. La joven reina, que no sentía ninguna urgencia por casarse, lloró amargamente cuando supo que el elegido por el gobierno moderado de Ramón Narváez era Francisco de Asís, tenido por todos por un joven taciturno, estirado, extremadamente religioso y marcadamente homosexual. «¡Con Paquita no!» se dice que gritó la reina-niña cuando supo de quién se trataba. Naturalmente, su oposición a un matrimonio que se consideraba ventajoso para el Estado de nada le sirvió.

El 10 de octubre de 1846 se celebró el matrimonio. Fue una doble ceremonia, pues a la vez, como un elemento más de la política dinástica que estaba desarrollando el gobierno presidido por Narváez, se casó a su hermana la infanta Luisa Fernanda con Antonio de Montpensier, duque de Orleans, hijo menor del rey Luis Felipe de Francia. Tenía entonces Isabel dieciséis años y Francisco de Asís veinticuatro, y la ceremonia se celebró en el Palacio Real al carecer por entonces Ma-

San Telmo, el lustroso palacio de los Montpensier
en Sevilla, hoy sede de la presidencia de la Junta
de la Comunidad Autónoma de Andalucía.

drid de una catedral propiamente dicha. Los sinuosos
Montpensier, eternos aspirantes al trono hasta la definitiva designación de Alfonso XII, que serían con el
andar del tiempo padres de una reina de España, la recordada María de las Mercedes, terminaron estable-
ciéndose en el ostentoso palacio de San Telmo de
Sevilla, donde crearon una verdadera corte paralela
muy visible aún hoy día en la ciudad del Guadalquivir,
con lugares tan significados como el parque de María
Luisa, el «Costurero de la reina» o el propio palacio,
hoy sede de la presidencia de la Junta de Andalucía.

Ni que decir tiene que un matrimonio que había
comenzado con tantas prevenciones no podía ser feliz.
La reina, desde su ancianidad parisina, se lo explicará
muchos años más tarde muy bien a Fernando León y
Castillo, por entonces embajador español en Francia,
cuando quiso relatarle su primera noche de bodas:

«¿Qué piensas de un hombre que tenía sobre su cuerpo más puntillas que yo?». Con esto queda dicho todo. No obstante, la real pareja, tras unos comienzos nada halagüeños con las célebres «espantadas» de Francisco de Asís al palacio de El Pardo cada vez que sufría un ataque de cuernos, llegó a entenderse bastante bien. El único rey consorte que contempló España dio en consentir las constantes infidelidades de la reina y reconoció uno tras otro a sus hijos a cambio, básicamente, de dinero, mucho dinero, y a que se le dejase en paz con sus negocios pergeñados al socaire de las influencias obtenidas con su matrimonio. Cuando marcharon camino del exilio parisino, los esposos se separaron sin más, haciendo cada uno su vida hasta el final, aunque nunca dejaron de verse del todo.

Amoríos y penitencias

A pesar de la creciente obesidad de la reina, sus contemporáneos consideraban a Isabel como una mujer lucida y muy sugestiva. Una reina, además, extraordinariamente vital, que no gustaba de soledades; tuvo muchos amantes y apenas lo ocultaba, todos sabían que sus constantes embarazos venían a causa de amoríos extramaritales, pero en contra de lo que pudiera pensarse, aquella conducta libertina nunca llegó a enemistarla con su pueblo. Por ello, porque apenas había secreto, se podría elaborar un listado casi exhaustivo de los galanes favorecidos por el amor real; señalaremos aquí los más recordados: El primero de ellos comenzó muy pronto, cuando la reina contaba diecisiete años de edad. Se trataba de Francisco Serrano y Domínguez, duque de la Torre, apodado significativamente por el pueblo «el general bonito», con el que mantuvo una intensa relación que duró, en realidad, toda la vida, pues acabaron conversando como buenos amigos, ya ancianos, en París. Casi simultáneamente, la reina comenzó una relación con Manuel Antonio de Acuña, marqués de Bedmar, gentilhombre de cámara de la reina. De su relación nacieron dos hijos, Luis y Fernando, que murieron al nacer. Tras los manejos del jefe del gabinete Ramón Narváez y Francisco de Asís para alejar de la reina tanto a Serrano como a Bedmar, Isabel entabló en torno a 1850 una intensa relación con José María Ruiz de Arana, hijo del conde de Sevilla la Nueva. Con Ruiz de Arana tuvo la reina cuatro partos, pero solo sobrevivió su hija primogénita Isabel, la recordada infanta conocida por «la Chata», todo buen humor y pura campechanería. Hacia 1856 el nuevo favorito de la reina era un joven teniente del cuerpo de ingenieros, Enrique Puigmoltó, del que Isabel se enamoró cuando fue destinado a la guardia del Palacio Real. Ella misma reconocería desde París que su hijo Alfonso, heredero de la corona, era en realidad hijo de Puigmoltó. Más adelante la reina se decantaría por amantes de su entorno particular, como sus secretarios Miguel Tenorio, con quien tuvo tres hijas que vivieron, Pilar, Paz y Eulalia, y un varón, por nombre Francisco de Asís, que murió al mes de nacer, o el fiel y abnegado Ramiro de la Fuente, este último ya en París.

Pero el gran amante de la última etapa del reinado efectivo de Isabel II fue Carlos Marfori, antiguo panadero y tal vez el que más iras y críticas desató, al considerársele un buscavidas favorecido por una reina insensata ciega de amor. De hecho, Marfori, pariente de Narváez, fue nombrado gobernador civil de Madrid en 1857, alcanzando los cargos de intendente de palacio, senador vitalicio y ministro de Ultramar en 1867, diez años después. Pero por entonces, Isabel era cada vez más impopular y Marfori sería quien estuviera a su lado cuando fue destronada. No por casualidad, en aquellos tiempos finales de descontento y revolución, se fraguó una obra, *Los Borbones en pelota*, que

Hermoso retrato de la reina en la flor de la juventud
realizado en 1851 por Federico de Madrazo. Real Academia
de Bellas Artes de San Fernando, Madrid.

aunque no vio la luz en su día, aún hoy da que hablar. Se trataba de un álbum satírico, compuesto de ochenta y nueve láminas con sus pies rimados correspondientes, donde se mostraba a la reina y a su «camarilla» en permanente orgía y desenfreno sexual. Era una obra, como el lector ya sabrá, directamente pornográfica, firmada con el pseudónimo SEM que ha sido atribuida a los hermanos Bécquer, es decir, al poeta Gustavo Adolfo Bécquer, supuesto autor de los textos, y a Valeriano Domínguez Bécquer, que era pintor de profesión, a quien se le atribuye la autoría de las acuarelas. No obstante, resulta difícil creer que un libro tan soberanamente zafio, obra propia de un desdichado resentido social, tuviese algo que ver con nuestro gran poeta romántico, aunque parece ser que la naturaleza de su hermano era ya harina de otro costal. Lo curioso del caso es que la obra satírica no se cebaba solo con Marfori, el rey cornudo (nominado «primer pajillero de la corte», también «Paco Natillas»), el ministro Luis González Bravo y la reina libidinosa; también disponía de la misma guisa a los célebres consejeros espirituales de la real pareja: el padre Claret y sor Patrocinio, la célebre «monja de las llagas». Ambos procedían del grupo de íntimos de Francisco de Asís y muchos suponían que hacían bastante más que aconsejar a la reina en puntos de espiritualidad. Desde luego, parece claro que las llagas de sor Patrocinio fueron un simple engaño que tuvo éxito; no obstante, nunca se pudo probar que alguno de los dos interviniese decisivamente en política, fuera de la intercesión de sor Patrocinio a favor de la candidatura de Francisco de Asís como rey consorte. Más bien actuaban como bálsamo espiritual de una reina en permanente tribulación anímica. En la entrevista celebrada entre Pérez Galdós y la reina en el Palacio de Castilla de París, Isabel le confesaba al escritor las interioridades de su relación con «la monja de las llagas»: «Era una mujer muy buena —me dijo—; era una santa, y no se metía en política ni en cosas del gobierno. Intervino, sí, en asuntos de mi familia, para que mi marido y yo hiciéramos las paces; pero nada más. La gente desocupada inventó mil catálogos que han corrido por toda España y por todo el mundo».

Construyendo el Estado liberal. Del «episodio Olózaga» al moderantismo

Es sabido que la mayor parte del reinado efectivo de Isabel II transcurrió bajo el signo del moderantismo. A la reina le costaba mucho trabajo pactar con los progresistas y esto fue así desde el principio. Además, Isabel nunca olvidaría el episodio vivido a solas en la cámara real con el líder del progresismo Salustiano de Olózaga. Episodio del que corrieron al menos dos versiones, una inculpatoria para el ministro y otra que tiende a exonerarlo de toda responsabilidad. Ocurrió la noche del 28 de noviembre de 1843, cuando la reina contaba tan solo trece años de edad. Salustiano Olózaga, «el lechuguino» para sus enemigos, elevado a la presidencia del gobierno, acudió a la cámara de la reina a fin de que esta firmase el decreto de disolución de las Cortes, de mayoría moderada, con el objeto de convocar nuevas elecciones que cambiasen el mapa político de la cámara. Al parecer la reina-niña se negó en primera instancia a firmar y es aquí donde divergen las versiones. Según la propia reina y algunos otros, como Luis González Bravo, que sucedería a Olózaga en la presidencia del gobierno, en ese instante este tomó violentamente las manos de la reina y la obligó a firmar. Olózaga siempre lo negó, pero le costó el cargo y vivir proscrito en Portugal y Francia algunos años, aunque luego la propia Isabel II lo rehabilitó. Para alguien tan poco sospechoso de deslealtad a la Corona como Álvaro de Figueroa y Torres, conde de Romanones, último ministro de Estado del rey Alfonso XIII (nieto de Isabel) y autor de la obra *Isabel II y Olózaga, un drama político*, la reina no contaba toda la verdad; por ejemplo, ella o alguien muy cercano, como la marquesa de Santa Cruz, camarera mayor de la soberana, había asegurado en su declaración que Olózaga había corrido el cerrojo de la puerta de acceso a la cámara, pero tal cerrojo nunca había existido. La misma reina, con el paso de los años, suavizó el episodio, como nos cuenta Pérez Galdós: «Algo dijo de la famosa escena con Olózaga en la cámara real en 1844; mas no con la puntualización de hechos y claridad descriptiva que habrían sido tan gratas á quien enfilaba el oído para no perder nada de tan amenas historias... Empleó más tiempo del preciso en describir los dulces que dio á don Salustiano para su hija, y la linda bolsa de seda que los contenía. Resultaba la historia un tanto caprichosa, clara en los pormenores y precedentes, obscura en el caso esencial y concreto, dejando entrever una versión distinta de las dos que corrieron, favorable la una, adversa la otra á la pobrecita reina, que en la edad de las muñecas se veía en trances tan duros del juego político y constitucional, regidora de todo un pueblo, entre partidos fieros, implacables, y pasiones desbordadas». En efecto, para emborronar más el asunto, tras la tensa entrevista, la reina, ya en presencia del general Domingo Dulce que mandaba la guardia en palacio, le había entregado a Olózaga unos bombones para su hija, quizás con la intención de quitarle hierro al asunto. Sea como fuere, aquel tenso episodio terminó por otorgar la hegemonía del periodo a los moderados, dirigidos con puño de hierro por el enérgico general Ramón María Narváez, apodado significativamente «el espadón de Loja». En palabras del historiador británico Raymond Carr: «Al margen de si Olózaga apeló a la fuerza o no [...], cometió una equivocación personal y política que habría de privar a los dirigentes progresistas de la llave del poder político».

Tras las elecciones del verano de 1844, las Cortes resultantes confirmaron el triunfo de los moderados y la posibilidad, deseada por muchos, de revisar la Constitución progresista de 1837. Como resultado se aprobó el nuevo texto constitucional en mayo de 1845. A pesar de este aparente retorno a posturas ultraconservadoras, es cierto que ni Narváez ni la mayoría de los hombres en el poder lo eran, todos ellos seguían profesando gran parte del cuerpo doctrinal liberal en su vertiente censataria y centralista y lo demostraron con una serie de medidas de carácter perdurable que ayudaron a vertebrar decisivamente la administración y la estructura del Estado liberal en aspectos tan cruciales como el derecho, la Hacienda y la educación.

La revolución tranquila y la Unión Liberal (1854-1868)

El pronunciamiento de los generales Leopoldo O'Donnell, Dulce y Serrano, en la que entonces era la localidad madrileña de Vicálvaro el 28 de junio de 1854, tuvo un resultado incierto que terminó en retirada. Sin embargo, la sublevación, que amenazaba en ciudades como Barcelona, Valladolid, Madrid o San Sebastián con radicalizarse a la izquierda al formarse juntas revolucionarias, fue reconducida hacia posturas más moderadas con el programa de reconciliación entre progresistas y moderados expreso en el Manifiesto de Manzanares del 7 de julio de 1854, redactado por Antonio Cánovas del Castillo, entonces un joven representante de los puritanos, a la izquierda del partido moderado. El programa allí desarrollado abogaba por la recuperación de la dignidad moral de la dinastía borbónica, una especie de actualización del tradicional grito castellano de ¡Viva el rey y muera el mal gobierno!: «Nosotros queremos la conservación del trono, pero sin la camarilla que lo deshonra». Impelida por la situación, la reina llamó a gobernar al viejo líder de los progresistas, Espartero, retirado en Logroño desde su regreso de Inglaterra en tiempos de Narváez. De todas maneras, el verdadero hombre fuerte del poder sería Leopoldo O'Donnell, nombrado ministro de la Guerra. El llamado «gobierno largo» de O'Donnell (1857-1863) pudo formarse gracias al concurso de los políticos progresistas y moderados menos dogmáticos, partidarios de la Tercera Vía, del eclecticismo y de la conciliación. Procedían tanto del moderantismo puritano (Antonio de los Ríos Rosas, Joaquín Pacheco, Nicomedes Pastor Díaz, Andrés Borrego, Manuel Alonso Martínez) como del progresismo acusado de resellado por sus antiguos compañeros (Evaristo San Miguel, Manuel Cortina, Juan Prim, Modesto Lafuente, Alejandro Mon). El triunfo electoral en 1858 y la bonancible situación económica permitieron a Leopoldo O'Donnell iniciar un periodo caracterizado por la estabilidad política y la prosperidad económica.

«CUANDO LOS ESPAÑOLES CONQUISTARON VIETNAM»

Con intención de mantener la tranquilidad interior y proporcionarle estabilidad a la Corona, O'Donnell recurrió con frecuencia a las aventuras en ultramar. Buscaba con esto unir a toda la sociedad española en una causa externa, al tiempo que trataba de sumarse a la política colonial desarrollada por las grandes potencias europeas: Francia, Gran Bretaña o Alemania. De forma que fue un hecho la reactivación de la política exterior española, con una serie de empresas ultramarinas, sombra de las del emperador francés Napoleón III, de más fama que resultados. Así, en agosto de 1858, se envió una expedición a la Cochin-

El general Prim comandando a la tropa en la batalla de
Castillejos, desarrollada en las cercanías de Ceuta.
Grabado contemporáneo depositado en el Museo Militar
de La Coruña. El éxito frente a las kábilas marroquíes
convirtió al reusense en un héroe nacional.
Fueron tiempos de exóticas empresas coloniales,
muy sonadas, pero de escaso efecto práctico.

china (extremo meridional de la península de Indochina) en apoyo de la expansión colonial francesa. Con la misma orientación política se intervino en 1861 en México, junto a Francia e Inglaterra, para exigir al presidente de México, Benito Juárez, el pago de la deuda externa. En 1864 se recuperó de modo efímero Santo Domingo para la soberanía española aprovechando el temor del pueblo a las ambiciones anexionistas de Haití y la presión de Estados Unidos. Con todo, la que tuvo más éxito fue la expedición a Marruecos con motivo de un ataque de las kábilas sobre la guarnición de Ceuta. Por el tratado de Wad-Ras se logró la cesión del pequeño territorio de Sidi Ifni, anclado en la costa suroeste marroquí, y garantías legales para la conservación de las plazas de la costa. En palabras de O'Donnell, con la nueva política de ultramar España «había levantado su postración». Una aseveración excesivamente optimista, habida cuenta del escaso rédito obtenido tras tanto esfuerzo.

REVOLUCIÓN Y EXILIO

Desde la caída de O'Donnell en 1863 hasta la revolución de 1868, el factor clave fue el boicot de los progresistas a la vida política. El «retraimiento», fomentado también por la presión demócrata, fue sobre toda la plasmación de la protesta por la negativa de Isabel II a formar un gobierno progresista que representó al final su auténtico suicidio político. La dirección activa de la conspiración revolucionaria estuvo en manos de Prim, de nuevo un general, pero esta vez contando con amplia participación civil y popular en el que tuvo mucho que decir el mundo universitario. En el verano de 1866, los representantes de los partidos unionista, progresista y demócrata se reunieron en la localidad neerlandesa de Ostende para firmar un pacto por el cual se comprometían a hacer lo necesario para destruir el régimen existente. Así las cosas, la caída de la reina era solamente cuestión de tiempo.

El pronunciamiento final, articulado por Juan Prim junto a los numerosos generales que, como Serrano, habían sido desterrados por el gobierno, fue ejecutado en primer lugar por el almirante Juan Bautista Topete en la bahía de Cádiz el 17 de septiembre de 1868. Poco después las tropas de Serrano derrotaron sin muchos inconvenientes a las de Manuel Pavía y Lacy, marqués de Novaliches, en la batalla del Puente de Alcolea (Córdoba), dejando expedito el camino a Madrid. El 30 de septiembre de 1868 Isabel II tomó el ferrocarril a San Sebastián, exhalando apenas aquel «Yo no puedo más» para dirigirse a su exilio en París; tenía tan solo, y esto a veces se olvida, treinta y ocho años. En su séquito viajaban, juntos, Francisco de Asís y Carlos Marfori, marido y amante de la reina, confiriendo imagen de vodevil a aquel triste «extrañamiento» de una reina todavía joven y con mucho por vivir. En París, tras un fugaz paso por el palacete Rohan en la calle Rivoli, Isabel, ya lejos de su marido, se estableció en el confortable palacio Basilewsky de la avenida Kleber, que pronto se conocería como el palacio de Castilla. Allí, con episódicas estancias en España, viviría Isabel II treinta y seis apacibles años en compañía de amantes y de alguna de sus hijas, en la esperanza, cumplida, de ver algún día a su amado hijo Alfonso elevado al restaurado trono de España. Desde París contempló todo su reinado y supo con dolor de su fallecimiento en 1885.

A consecuencia de un fuerte enfriamiento sufrido en su palacio de la calle Kleber, Isabel II murió el 9 de abril de 1904 con setenta y cuatro años de edad. Tras recibir honores de reina en la capital francesa, su cuerpo fue enviado al palacio-monasterio de San Lorenzo de El Escorial, donde hoy reposa en su panteón real frente al rey consorte Francisco de Asís.

7

Alfonso XII (1874-1885)

ALFONSO, DE INFANTE A EXILIADO

El 28 de noviembre de 1857 el Palacio Real de Madrid era una fiesta. Por fin la reina Isabel había dado a luz un descendiente varón. Por entonces tan solo conservaba con vida una hija, Isabel «la Chata», de forma que la llegada de Alfonso venía a confirmar la pervivencia de la línea dinástica. Por entonces, el verdadero padre del príncipe, Enrique Puigmoltó, ya había sido «invitado» a abandonar Madrid por Ramón María Narváez. De su hijo Alfonso solo conservaría su primera cuna, que le sería enviada años después por la reina junto a una cariñosa nota. Entretanto, el rey consorte Francisco de Asís se debatía entre el resentimiento y sus cálculos para obtener pingües beneficios económicos a cambio de su silencio. Al final, siempre prevalecería lo segundo, y es que más que un marido Francisco de Asís se había convertido en un verdadero espía, aplicado en la tarea de descubrir los secretos de su esposa para luego chantajearla sin empacho alguno. De este modo, fue él mismo, probablemente aconsejado

Viñeta satírica publicada en 1869 en la revista barcelonesa *La Flaca*, alusiva al extraño espectáculo que estaba causando en Europa la búsqueda de un nuevo rey para España. A la izquierda, Isabel II y el niño Alfonso se interesan por el anuncio, al igual que el pretendiente carlista con boina roja situado a su lado.

por sor Patrocinio, quien se encargó de presentar en bandeja de plata al recién nacido a la corte, como era costumbre.

Los primeros diez años de la vida del príncipe Alfonso transcurrieron bastante apaciblemente en el Palacio Real de Madrid. Como ya habíamos señalado en el capítulo anterior, su madre había cambiado los amoríos con Puigmoltó por la discreta compañía de su secretario personal Miguel Tenorio, tenido por padre de las tres hermanas que siguieron a Alfonso: Pilar, María de la Paz y Eulalia. El príncipe era un niño vivaz y despierto, de intensos ojos negros, no muy alto y con cierta propensión a sufrir resfriados. Muy pronto destacó en él su gusto por lo castrense, nada le placía más que contemplar las evoluciones de los soldados en los desfiles de celebración por los éxitos de O'Donnell en África. De entre sus muchos preceptores, destacó siempre Guillermo Morphy y Ferris. Nacido en Madrid, aunque de origen irlandés, Morphy era un hombre culto, músico de profesión, que con el andar del tiempo sería una de las personas más cercanas al monarca. Se atribuye a Guillermo Morphy la formación del príncipe en los valores de la monarquía constitucional, respetuosa con el sentir general del pueblo, concepción que Alfonso, ya rey, trataría siempre de llevar a la práctica. Cuando Alfonso partió junto a su madre al exilio en París, Morphy se convertiría en su secretario personal, puesto que ocuparía permanentemente hasta la muerte del rey.

Ya hemos visto cómo con la caída de la Unión Liberal de O'Donnell remató también el tiempo de la tranquilidad en palacio. La sucesión de gobiernos tan breves como fracasados condujo a la ya mencionada revolución de 1868 que enviaría a la familia real directamente al exilio. Alfonso de Borbón estaba a punto de cumplir los once años.

PLÁCIDOS AÑOS DE EDUCACIÓN

Alfonso recibió en París una educación propia de la élite a la que pertenecía. Se le matriculó en el prestigioso colegio Stanislas, a la vez que seguía recibiendo clases, fundamentalmente de política constitucional, de su inseparable Morphy. También, y como era costumbre, ejercitaba su cuerpo acudiendo con regularidad al gimnasio y al picadero imperial. Las preocupantes noticias que venían de España, con un general Prim buscando desaforadamente por toda Europa a un rey perteneciente a cualquier estirpe distinta de la casa de Borbón, fundamentalmente entre los príncipes italianos de la casa de Saboya y los alemanes de la Hohenzollern, y un Antonio de Orleans, duque de Montpensier, empeñado en conseguir para él o su familia el ansiado

Alfonso XII fotografiado en 1870 en atuendo militar.
El joven príncipe, que le apasionaba todo lo castrense, no
sabía por entonces que, un día no muy lejano, tendría la
oportunidad de encabezar el ejército liberal durante
la tercera guerra carlista.

trono de España, aconsejaron a la reina abdicar a favor de su hijo Alfonso, a fin de mantener intactos sus derechos dinásticos. El acto se celebró el 20 de junio de 1870 en el palacio de Castilla, ante una breve representación de la nobleza española y en presencia de la reina madre María Cristina de Borbón. Aunque fuese solo titularmente y para unos pocos allegados, Alfonso de Borbón, con doce años de edad, podía considerarse titular de los derechos al trono de España.

Pronto la historia caminaría a su favor, por mucho que Juan Prim exclamase aquello de «jamás, jamás, jamás» en el Congreso de los Diputados cada vez que se le mentaba la posibilidad de una restauración borbónica. El duque de Montpensier, por su parte, había ido demasiado lejos matando en duelo al infante don Enrique de Borbón, hermano del rey consorte Francisco de Asís, haciendo así que sus posibilidades de acceso al trono se volviesen nulas. En 1872 la destronada reina Isabel forzó un encuentro de familia a fin de limar asperezas con Montpensier; este se postuló incluso como futuro regente de la minoría de Alfonso, pero aquello no prosperó. Antonio de Orleans era demasiadoególatra como para permanecer en un leal y discreto segundo plano tras un chico de apenas catorce años. Fiel a su naturaleza, lo que sí se permitió fue pedirle a la reina Isabel dos millones de reales con los que engrosar su monumental fortuna, sin aportar nada a cambio. Con el andar del tiempo, la idea de casar a la hija del duque, María de las Mercedes, con el príncipe Alfonso fue lo único que la familia real obtuvo de los avariciosos Montpensier. Aunque Alfonso era todavía un adolescente, estaba bien informado y se mostraba muy despierto en sus opiniones. Cuando su madre Isabel le informó de la nueva ruptura de relaciones con Montpensier, tras el fallido acercamiento, el príncipe comentó: «Sentiría que el duque dejase la dirección de la política, pues para amigo puede no ser bueno, pero para enemigo, es malísimo». En el fondo, Alfonso temía perder de vista a su tío, y la causa era su hija. En 1872, durante unas vacaciones en el castillo que los Montpensier poseían en Randan, cerca de la localidad francesa de Vichy, había intimado con su prima María de las Mercedes y, aunque ella tenía solo doce años y él quince, muchos sospechaban que su amor había nacido allí y para siempre.

Con todo, y por el momento, el joven heredero solo veía por delante años de estudio y formación. Con motivo de la guerra franco-prusiana iniciada en 1870 y las revueltas de la Comuna de París, la familia real española decidió por precaución fijar su residencia en Ginebra, donde permanecerían desde septiembre de 1870 hasta agosto del año siguiente. En aquellos años se encargaba de la educación de Alfonso el brigadier Tomás O'Ryan, de talante bastante más severo que Morphy, que trató de llenar las muchas lagunas que apreciaba en la formación del muchacho, al que reconocía buen entendimiento pero escaso amor por el estudio. Superados los sucesos de la Comuna, la familia pudo regresar al parisino palacio de Castilla que, durante la guerra contra Prusia, había cedido para su uso como hospital.

En 1872 Alfonso, de nuevo bajo la tutela de Morphy, al solicitar O'Ryan el relevo por propia iniciativa, fue enviado a Viena para estudiar como interno en el espléndido colegio Theresianum. Allí permaneció dos años y conoció a la cantante española de ópera Elena Sanz, que tiempo después se convertiría en su amante más conocida, hasta que por consejo del hombre que lograría restaurarle en el trono, Antonio Cánovas del Castillo, se trasladó a Inglaterra para continuar sus estudios en la célebre academia militar de Sandhurst (Surrey), donde se formaba buena parte de la élite de la oficialidad europea. La elección de Cánovas del Castillo como director de la política conducente a la restauración alfonsina fue el mayor acierto

Antonio Cánovas del Castillo, valedor principal de Alfonso.
El sistema político de la Restauración fue, en parte
no pequeña, producto de su espíritu pragmático
y su fino instinto político.

político de la reina Isabel y sus consejeros, que por entonces eran tan solo un puñado de leales provenientes del partido conservador, como José Osorio, duque de Sesto, Mariano Roca, marqués de Molins, y Alejandro de Castro.

Malagueño de extracción humilde, jurista e historiador notable por propios méritos, Cánovas era un pesimista convencido de las dificultades de una convivencia pacífica en España. Tal vez por eso, su principal determinación era controlar el poder sin acapararlo a fin de dar cabida al mayor número de voluntades posible en la nueva empresa. El Manifiesto de Sandhurst, en el que se postulaba la solución alfonsina, también de la autoría de Cánovas, indicaba ya las líneas maestras del programa de reconciliación nacional bajo el paraguas de una monarquía respetuosa con una Constitución que no excluyera más que a carlistas y federalistas. Tal como estaban las cosas en España, con una República manifiestamente inoperante, la solución propuesta por Cánovas aparecía a ojos de todos como la más cabal, de ahí su casi inmediato éxito.

Camino de retorno

Entretanto, en España se habían precipitado vertiginosamente los acontecimientos, desde la maniobra de Prim que trajo al trono peninsular la exótica y efímera monarquía de Amadeo de Saboya, hasta el fallido experimento de la I República española. En tan solo nueve años el país había cambiado mucho. Cuando el 2 de enero de 1874 el general Manuel Pavía entró a caballo en el Congreso de los Diputados para poner fin a un parlamento republicano que le había retirado el apoyo a su amigo personal y último presidente de la República, Emilio Castelar, muchos comenzaron a pensar que había llegado el momento de la restauración borbónica en la persona de Alfonso de Borbón. En el ínterin el país había quedado en manos del general Pavía. Significativamente, el periodo republicano había durado tan solo once meses.

Frente a lo que muchos habían pensado, el golpe de Pavía no dio lugar a un régimen militar, sino a una nominalmente «república unitaria» presidida por el general Serrano, de cuyo gobierno formaron parte un amplio espectro de políticos de todas las tendencias (demócratas, como Cristino Martos, radicales como José Echegaray, liberales como Manuel Alonso Martínez y el propio líder del progresismo en la venidera Restauración, Práxedes Mateo Sagasta) a excepción, como cabía suponer, de los federalistas y los carlistas. El sistema permanecía así totalmente indefinido y sin visos de continuidad, por más que el general Serrano hubiese abrigado la esperanza de alcanzar una especie de regencia vitalicia. Tal vez por esta razón, Serrano no mostraba ninguna prisa por resolver la interinidad del Estado. No obstante, la idea vigorosamente defendida por Cánovas de una restauración borbónica en la persona del príncipe Alfonso se hacía más fuerte cada día que pasaba. Más aún, tras la publicación el primero de diciembre de 1874 del ya citado Manifiesto de Sandhurst, Alfonso se declaraba públicamente a favor de la instauración de una monarquía hereditaria y constitucional. Aquí, la ágil pluma de Cánovas brilló como nunca, dejando para la historia unos propósitos de intenciones que muchos consideraron intachables:

> Por virtud de la espontánea y solemne abdicación de mi augusta madre, tan generosa como infortunada, soy único representante yo del derecho monárquico en España [...].
> Huérfana la nación ahora de todo derecho público e indefinidamente privada de sus libertades, natural es que vuelva los ojos a su acos-

En el momento de ser reconocido como rey de España,
Alfonso de Borbón era un jovencito de diecisiete años,
de rostro aún aniñado, como muestra
este retrato efectuado para conmemorar
la ocasión.

tumbrado derecho constitucional y a aquellas libres instituciones que ni en 1812 le impidieron defender su independencia ni acabar en 1840 otra empeñada guerra civil [...].

Por mi parte, debo al infortunio estar en contacto con los hombres y las cosas de la Europa moderna, y si en ella no alcanza España una posición digna de su historia, y de consuno independiente y simpática, culpa mía no será ni ahora ni nunca. Sea la que quiera mi propia suerte ni dejaré de ser buen español ni, como todos mis antepasados, buen católico, ni, como hombre del siglo, verdaderamente liberal.

Suyo afmo., Alfonso de Borbón.
Nork-Town (Sandhurst),
1 de diciembre de 1874.

Sin esperar mucho más, pues parecía contarse con el beneplácito de la inmensa mayoría de los grupos políticos, el 29 del mismo mes de diciembre de 1874, el general Arsenio Martínez Campos se pronunciaba en Sagunto, proclamando rey de España a Alfonso XII, movimiento rápidamente secundado por todas las guarniciones militares. El poder civil cedió el gobierno a Cánovas del Castillo, inaugurando así la Restauración borbónica en España, aunque esta vez todo sería bien distinto: la revolución liberal, con todas sus limitaciones y contradicciones, no había pasado en vano.

LA RESTAURACIÓN ALFONSINA

En la memoria colectiva el término *Restauración* permanece como un largo periodo de estabilidad, diseñado en sus líneas maestras por Antonio Cánovas del Castillo con el concurso fundamental de su contra personaje: Práxedes Mateo Sagasta, líder del progresismo y tan experto en unir voluntades que fue conocido por todos como «el viejo pastor».

Aún molesto por la precipitación del pronunciamiento de Martínez Campos, pues deseaba un tránsito civil, Cánovas aceptó presidir el ministerio-regencia encargado de realizar el traspaso de poderes. Prueba de la naturaleza pragmática y negociadora del político malagueño fueron los primeros meses de gobierno previos a la redacción de la nueva Constitución. De hecho, aun a pesar de no estar de acuerdo con el sufragio universal establecido en 1869, realizó la convocatoria de las nuevas Cortes según este precepto, permitiendo así la anuencia con el sistema de Sagasta, líder del Partido Liberal-Constitucional, compuesto por distintos grupos de origen progresista y de algunos demócratas «cimbrios», esto es, políticos partidarios de otorgar al pueblo las más amplias libertades, como el sufragio universal, por el momento masculino, pero alejados de las tesis federalistas que venían de fracasar en el experimento republicano. Conservadores y liberales ocuparán, de esta forma, el espacio político de la Restauración, dualidad que consagrará el «turnismo» pacífico (la alternancia consensuada) que será la característica más destacable del periodo.

Los primeros esfuerzos del gobierno conservador tras la publicación de la Constitución de 1876 fueron encaminados a solucionar los principales problemas del momento: la lucha contra el carlismo y la llamada guerra de los Diez Años en Cuba. En lo que respecta al primer problema, el carlismo estaba ya prácticamente derrotado tras la consolidación de la restauración monárquica en España, sobre todo después del reconocimiento de Alfonso XII como rey legítimo realizado en 1875 por el dirigente histórico de los tradicionalistas Ramón Cabrera. Una amplia operación militar contra los últimos reductos del norte, finalizada en febrero de 1876 con la conquista de la localidad navarra de Es-

Detalle de «La Paz» en el monumento a Alfonso XII en el
Retiro madrileño, obra de Miguel Blay.
El grupo escultórico conmemora el fin de la tercera guerra
carlista y la concesión al rey del título de El Pacificador.
El mismo que en su día llevara su antepasado Felipe V.

tella, puso término a la tercera guerra carlista. Como
consecuencia, el gobierno de Cánovas suprimió mediante la ley del 25 de julio de 1876 los fueros vascos. De
esta forma, los naturales de aquellas tierras deberían
pagar impuestos y cumplir el servicio militar, si bien
fueron compensados con el establecimiento en febrero
de 1878 del sistema de conciertos económicos, por lo
que se concedía a los antiguos territorios forales una
amplia autonomía fiscal en virtud de la cual las provincias vascas pagarían anualmente al Estado un cupo o
cantidad recaudada por sus respectivas diputaciones
provinciales, algo que en esencia ha funcionado desde
entonces sea cual sea el régimen que gobernara España.
La guerra colonial en Cuba terminó, al menos en apariencia, a causa del propio agotamiento de los rebeldes

ante la presión militar y las sustanciosas concesiones políticas otorgadas por el general Martínez Campos. La paz negociada final se firmó en Zanjón el 12 de febrero de 1878. En los acuerdos se contemplaban reformas administrativas y un indulto amplio para los rebeldes cubanos. Finalmente, en febrero de 1880 fue abolida la esclavitud. Sin embargo, la cuestión cubana seguiría latente, como se iba a manifestar de modo definitivo en 1898.

LAS LIMITACIONES DEL SISTEMA: «TURNISMO» Y CACIQUISMO

La obra política de Cánovas, basada en el turno estable, en el gobierno de dos partidos que debían rechazar todo radicalismo, necesitaba basarse en un fuerte control gubernamental del sistema, con arreglo de elecciones incluido. Los primeros pasos en esta dirección se dieron pronto. Así, la ley electoral de 1878 era ya censitaria. Una restrictiva ley de prensa publicada en el año siguiente y la ley de reunión de 1880 terminaron por asegurar al gobierno los mecanismos de control social necesarios para sus fines. La fundación en mayo de 1880 de la Agrupación Liberal Fusionista en la que se integraron liberales de muy diversos orígenes (Martínez Campos, Pavía, Alonso Martínez), la mayor parte de ellos unionistas y progresistas unidos bajo el liderazgo de Sagasta, permitió el inicio del «turnismo» al encomendarles el rey la responsabilidad de gobierno en 1881.

El primer gobierno liberal de la Restauración fue muy corto (1881-1883) y careció de realizaciones trascendentes aunque sentó las bases para la continuidad del sistema. En el plano práctico se aprobaron algunas disposiciones aperturistas como la libertad de cátedra y el derecho de reunión. Pero sobre todo, se

Práxedes Mateo Sagasta, el buen pastor, líder del Partido
Liberal y leal oponente de Cánovas. Ambos se necesitaban
mutuamente para mantener en pie el edificio
de la Restauración.

consolidó el liderazgo de Sagasta en la izquierda sobre las opciones de la Izquierda Dinástica defendidas por Serrano, Segismundo Moret y Montero Ríos. Se mantenía así el sistema de integración y el régimen civil oligárquico de la Restauración, gracias, en buena parte, al control electoral a través del fenómeno que conocemos como caciquismo. Las elecciones controladas desde el Ministerio de la Gobernación, manipuladas y fraudulentas, no eran un hecho nuevo, ya permanecían implícitas en el mismo sistema isabelino de 1834. Sin embargo, la diferencia reside en que en la Restauración el sistema se hace estable, casi institucional, se convierte en una manera de suprimir el pronunciamiento militar como forma de cambiar gobiernos y consagra las mayorías parlamentarias a través del pucherazo, el soborno, el candidato encasillado, esto es, el designado por acuerdo de liberales y conservadores para ganar en cada distrito, y la mera intimidación. Así, las oligarquías locales dominaron a su antojo todo el proceso electoral, consagrando la figura del cacique, dominador de la situación mandase quien mandase. Los ejemplos son múltiples: Eugenio Montero Ríos en Galicia, los condes de Gamazo en Valladolid, Alejandro Pidal en Asturias, Juan de la Cierva y Soto, abuelo del inventor del autogiro, en Murcia, Natalio Rivas en Granada y un largo etcétera. El elevado precio que pagó España por su sistema electoral fue una administración municipal ineficaz y un sistema judicial señoreado por la corrupción; el mayor beneficio, un largo periodo de estabilidad y paz pública.

Un reinado prometedor

Alfonso XII supo de su proclamación como rey de España cuando pasaba las vacaciones de Navidad junto a su madre en el palacio de Castilla, la alegría para un exiliado como él debió de ser enorme. «Mi intención es ser rey de todos los españoles» dijo solemnemente en la recepción que le ofreció la embajada de España en París, ratificando de este modo lo expuesto en el manifiesto de Sandhurst. Su último acto público en Francia fue su discretísima asistencia a la inauguración del parisino Teatro de la Ópera, el 5 de enero de 1875. Partió al día siguiente para embarcar en Marsella a bordo de la fragata *Navas de Tolosa*.

Al igual que había hecho Carlos III, el rey quiso entrar en España por el puerto de Barcelona, donde tuvo una prometedora acogida el 9 de enero. Continuó viaje a Valencia, para entrar solemnemente en un Madrid extraordinariamente engalanado para la ocasión el jueves 14 de enero, entre los vítores y aplausos de los madrileños. No es que la población viviese entusiasmada por el proyecto canovista, pero desde luego estaba ansiosa de paz y estabilidad y, en este sentido, la Restauración aparecía como la mejor opción posible; muy pronto, el carácter llano y desenfadado de Alfonso contribuiría a consolidar la adhesión de casi todos.

Es sabido que Alfonso XII había heredado de su madre la facilidad de trato y la liberalidad en su actitud cara al pueblo. Solía mostrarse tan bondadoso como ocurrente, modesto y ajeno a cualquier tipo de ostentación; signos, todos ellos, de una sana inteligencia, pulida por años de cuidada educación. Su aspecto físico era también agradable, no muy alto, poseía una mirada serena y dulce de notable éxito entre las damas. Con el tiempo, se dejó crecer las grandes patillas a las que se asocia su imagen, fruto de la moda masculina de la época. Se podría decir que era muy parecido en casi todo a su madre, pero esto no sería exactamente cierto. A la reina Isabel jamás se le habían perdonado sus dislates y excesos; él, sin embargo, logró que se respetase su tarea como rey y se le perdonó todo, señaladamente sus muchas aventuras amatorias. Simplemente, sabía separar su función de rey de su vida privada, cosa que Isabel II jamás intentó siquiera hacer, encumbrando amantes y provocando escándalos que dieron con sus huesos en el exilio. Alfonso siempre llevó con la suficiente discreción sus relaciones con sus amantes. Dos fueron las principales y ambas, curiosamente, cantantes de ópera. La primera y mucho más duradera en el tiempo, Elena Sanz y Martínez de Arrizala, la segunda, la contralto Adelina Borghi. A Elena Sanz la había conocido, como hemos visto, durante su estancia de estudios en Viena, pero fue en Madrid, ya rey, cuando comenzó su idilio. Alfonso quiso retirarla de los escenarios y, siguiendo una costumbre bien burguesa, le «puso piso» en la madrileña Cuesta de Santo Domingo, asignándole una pensión mensual de cinco mil pesetas, una pequeña fortuna para la época. Con Elena Sanz tuvo Alfonso de Borbón dos hijos varones, de nombre Alfonso y Fernando, y una niña, Isabel Alfonsa, creando una especie de familia en paralelo que contaba incluso con la anuencia de la reina madre, que llamaba a Elena Sanz «mi nuera ante Dios», nada menos. Sabedora de todo esto, la segunda esposa del rey, María Cristina de Habsburgo-Lorena, trataría de expulsar de España a la cantante, pero nunca consiguió que el rey cediese. Vista la imposibilidad de revelarse, prefirió vivir como si nada de aquello estuviese ocurriendo, aunque naturalmente era un secreto a voces. Emilio Castelar aprovechó la situación para escribir un malévolo relato corto en *El Globo*, periódico que él mismo fundara, que tituló: «Los celos de la sultana. Leyenda árabe». Cuando ya el rey había muerto años más tarde, el Estado decidió suspender los pagos a Elena Sanz y su familia, pero esta contraatacó amenazando a la casa real con hacer públicas las ciento diez cartas que conservaba del monarca, en las que se hacía evidente la paternidad de dos de sus hijos. La respuesta de palacio

Alfonso XII luciendo sus célebres patillas a la moda
importada del Imperio austro-húngaro. Esta será su
imagen más recordada en la primera madurez, animando
con su alegre presencia el Consejo de Ministros por la
mañana y las calles de Madrid por la noche.
Fotografía perteneciente a la serie que del rey realizó
el fotógrafo madrileño Fernando Debas.

fue liquidar a aquella familia la cantidad, verdaderamente notable, de setecientas cincuenta mil pesetas, comprando así su silencio.

A pesar de estos pequeños escándalos, Alfonso, como hemos señalado, cuidaba sus deberes como rey con mucho más celo de lo que había hecho su madre. A las siete de la mañana estaba en pie y a las nueve departía con el Consejo de Ministros. Si ocurría alguna catástrofe natural, como los terremotos habidos en Andalucía en la Navidad de 1884, o algún desastre, como el accidente de tren del Puente de Alcudia (Ciudad Real), allí se presentaba lo antes posible. Durante la tercera guerra carlista llegó a vivaquear con las tropas, corriendo peligro de ser tiroteado más de una vez, algo que no hacía un rey español desde los tiempos de Felipe V. De hecho, al final de la guerra, el 20 de marzo de 1876, Alfonso entró en Madrid al frente de las tropas como un general victorioso. Todo esto le ayudó a ganarse el afecto del pueblo, un afecto que su madre jamás logró del todo: mientras Alfonso era corrientemente aclamado por todas partes, a su madre se le recibía en significativo silencio. Así, en julio de 1876, una vez superada la reticencia de Cánovas y el mismo rey a que Isabel II regresase a España, la reina madre desembarcó en el puerto de Santander en medio de una general indiferencia. Isabel se desencantó de España definitivamente, y en noviembre de 1877 estaba ya de nuevo en París para regresar solamente y por breve tiempo con ocasión de la segunda boda de su hijo.

No todo eran obligaciones públicas y compañía de amantes en la vida del rey. Alfonso ha pasado a la historia como hombre de muchos amigos y de mucha diversión, y así era. Le gustaban el teatro, la ópera, el billar y las largas partidas de naipes nocturnas, normalmente jugando «al monte». Haciendo honor a sus antecesores, tampoco descuidaba las jornadas de caza en los reales sitios, sobre todo en Riofrío y El Pardo.

Uno de sus pasatiempos favoritos era «escaparse» de palacio solo o en compañía de sus amigos más íntimos: como José Osorio, duque de Sesto; Julio de Cañaveral y Piedrota, conde de Benalúa; José Mexía del Barco, duque de Tamames; y Vicente Bertrán de Lis, en busca de fiesta y mujerío. Y, claro es, en ocasiones llegaba al Palacio Real cuando el alba clareaba y en no muy buen estado. Tanto es así, que según narra con gracia el escritor y periodista madrileño Pedro de Répide, en cierta ocasión, el estado etílico de Alfonso hizo que se desorientase, teniendo que recurrir a un amable viandante o sereno, esto nunca quedó claro, para que le acompañase a palacio. Llegados a la altura del Arco de la Armería, Alfonso XII, campechano como era, se volvió hacia su salvador y le dijo:

—Alfonso XII, aquí en palacio me tiene usted.
A lo que replicó chuscamente su valedor, incapaz de creerse lo que estaba oyendo:
—Pío IX, en el Vaticano, a su disposición.

DOS BODAS REALES

Ya sabemos que Alfonso se había fijado en su joven prima María de las Mercedes desde que ambos habían pasado juntos unas Navidades en el castillo que los Montpensier tenían en Randan. Alfonso siempre había pensado en ella como su esposa, pero para ello debió superar antes los leves inconvenientes puestos por Cánovas, que consideraba al padre de la novia un tipo peligrosamente desleal que había querido arrebatarle el trono a su propio sobrino cuando era solo un niño. Por la misma razón, Isabel II se opuso radicalmente a la boda a la que aseguró «no ir ni atada», amenaza que cumplió hasta sus últimas consecuencias. Con todo, el Consejo de Ministros no vio inconveniente serio para negar al rey su más íntimo deseo, así que la boda se celebró finalmente el 23 de enero de 1878 en la madrileña colegiata de Nuestra Señora de Atocha, en ausencia, como hemos adelantado, de la reina madre, que no quiso moverse de París, aunque sí asistió Francisco de Asís, contento con su hijo que venía de otorgarle el ducado de Baños a su «amigo» Antonio Ramos Meneses. Alfonso tenía veinte años de edad y su esposa tan solo diecisiete.

María de las Mercedes de Orleans y Borbón fue una reina muy popular y, pese a sus habituales devaneos, muy querida por su esposo. La real pareja era popularmente vista como un joven y enamorado matrimonio y no les faltaba razón a quienes así lo hacían. Pero todo resultó tristemente efímero, el 14 de junio del mismo año de 1878 la reina Mercedes enfermó de lo que se describió como una fiebre gástrica, probablemente tifus contraído por las condiciones de insalubridad del agua del manantial que surtía las mesas del Palacio Real, proveniente del subsuelo del mismísimo edificio regio, por la zona del llamado Campo del Moro. Pocos días después, el 26 de junio de 1878 la reina moría sin que los médicos pudiesen hacer nada por su vida. Alfonso, ya saben el dicho —¿dónde vas triste de ti?—, se retiró a San Lorenzo de El Escorial consumido por el dolor. Los restos de la reina, al no haber tenido descendencia, y por tanto, no poder recibir sepultura en el panteón de las Reinas del real sitio, fueron depositados en una capilla del monasterio de San Lorenzo de El Escorial, a la espera de que se construyese la catedral que el rey había mandado erigir frente al Palacio Real. Más de un siglo después, en el año 2000, sus restos fueron trasladados a la catedral de La Almudena, tal como hubiese sido su voluntad.

Puesto que el rey no había tenido descendencia, se imponía una nueva boda real. Aquella necesidad despertaba tan poco interés en Alfonso que decidió decirle

Curiosa composición proveniente de la colección real,
montada con las fotos de Alfonso XII, Isabel II (centro)
y la reina María de las Mercedes (derecha). La reina madre
se opuso cuanto pudo a aquella boda, a la que finalmente
se negó a asistir.

a Cánovas, cuando este le preguntó si tenía alguna
preferencia, «decide tú». La elegida fue una pía y discreta archiduquesa austriaca: María Cristina de Habsburgo-Lorena, hija del archiduque Carlos Fernando de
Austria y de la archiduquesa Isabel Francisca de Austria; reunía en sí sangre de las dos grandes casas reales
españolas: la Borbón, era tataranieta de Carlos III, y la de
Austria, como nieta de Leopoldo II. A todas luces, la
candidata era muy distinta a María de las Mercedes,
la gracia andaluza de la hija de Montpensier contrastaba poderosamente con la discreción y timidez de
la austriaca, que, en lo físico, delgada y corta de vista
como era, no gustaba nada al rey, que llegó a escribirle
a sus hermanas «¡Lástima que gustándome más la
madre, tenga que casarme con la hija!». No obstante,
María Cristina sí fue esta vez del gusto de la reina
madre, que admiraba su orden, su discreción y la in-

tensa religiosidad que presidía la vida de la austriaca. Muy pronto el pueblo de Madrid, conocedor de estos dones, la apodaría «Doña Virtudes». La boda se celebró el 29 de noviembre de 1879, nuevamente en la basílica de Atocha. Esta vez asistió Isabel II, encantada con su nueva nuera. Resulta evidente que a pesar de todos sus esfuerzos, María Cristina no consiguió llenar el corazón del rey. Con todo, al año siguiente de la boda, le dio una hija, a la que pusieron por nombre Mercedes y cuando Alfonso murió, la reina llevaba en su seno al heredero de la Corona, Alfonso XIII.

UNA MONARQUÍA EFÍMERA

Más de una vez, Alfonso había reconocido que no llevaba una vida ordenada, madrugando por la mañana para gobernar y trasnochando cada velada para divertirse. Como él mismo aseguraba: «consumí la vela por los dos extremos». La mala vida que se otorgaba no le hacía ningún bien a la tuberculosis «lenta» que sufría. No obstante, lo que acabó con él fue una bronquitis contraída mientras trataba de mejorar de su tuberculosis en el palacio de El Pardo. Aunque hay quien sostiene que el agua insalubre del manantial que abastecía las mesas del Palacio Real, posible causa del tifus que llevó a la tumba a María de las Mercedes, ayudó en mucho a acelerar la enfermedad del rey. Sea como fuere, Alfonso XII murió en El Pardo el 25 de noviembre de 1885. Su reinado había sido efímero, tan solo diez años largos, y en el vientre de su esposa María Cristina latía ya la vida de su sucesor, que alcanzaría el trono tras una nueva y azarosa regencia. A fin de asegurar la continuidad del sistema y de la restaurada monarquía ante el difícil periodo que se avecinaba, un día antes de la muerte del rey, Cánovas y Sagasta se entrevistaron, por iniciativa del general Martínez

Campos, en aquel real sitio para acordar tácitamente el llamado Pacto de El Pardo, por el que se comprometían a mantener el turno pacífico, apoyando en sus actos de gobierno a la reina regente María Cristina. Ambos lo cumplirían fielmente.

8

Alfonso XIII (1886-1931). Crónica de un fracaso

El 17 de mayo de 1886 nacía en el Palacio Real de Madrid Alfonso XIII. Práxedes Mateo Sagasta, alborozado por la buena nueva, se lo presentó a Cánovas diciendo: «Es la menor cantidad posible de rey, pero ya tenemos rey». Alfonso, hijo póstumo, nacido rey, fue criado para continuar gobernando apaciblemente bajo la fórmula del «turnismo», pero el tiempo que le tocó vivir era ya muy distinto al que había contemplado su padre Alfonso XII. La falta de representatividad política que sufrían amplias capas de la población, el desastre de 1898, la guerra de Marruecos y las tensiones nacionalistas empujaron al rey a aceptar soluciones erróneas. Nadie, ni siquiera el sector monárquico, le perdonó su anuencia con la dictadura de Primo de Rivera. Cuando quiso retomar el camino de la regeneración nacional, era demasiado tarde. Y con todo, la historiografía más templada nunca le ha negado la voluntad y el deseo de gobernar a favor de la concordia entre todos los españoles. En palabras del historiador británico Raymond Carr, escritas a finales de la década de 1970: «A pesar de la educación ñoña y estrecha recibida de su madre, fue en muchos aspectos un rey de mente abierta y moderno. [...] Alfonso quiso ser un rey y además un rey patriota».

Notas sobre la regencia de María Cristina de Habsburgo

Hemos visto en el capítulo anterior cómo a finales del año 1885, con Cánovas de nuevo en el poder, muere Alfonso XII a consecuencia de la bronquitis y el cólera, pero el sistema está ya consolidado y la transición al nuevo reinado del aún no nato Alfonso XIII se hará sin mayores inconvenientes a través de la regencia de su madre, María Cristina de Habsburgo.

Tras el fallecimiento del monarca en 1885, el prestigio de los conservadores canovistas estaba en su momento más bajo, circunstancia que permitió el acceso al poder de los liberales de Sagasta. El llamado parlamento largo de Sagasta (1886-1890), que contó con el concurso de Manuel Alonso Martínez y Eugenio Montero Ríos en Justicia, Segismundo Moret en Estado y Germán Gamazo en Ultramar, trajo consigo muchas de las reformas deseadas por los viejos revolucionarios de 1869. De hecho, Sagasta presentó un programa que resumía la mayoría de las conquistas liberales de la «gloriosa revolución»: ley de asociación, juicio por jurado, reforma de la Hacienda y, sobre todo, la recuperación del sufragio universal. Así, por la ley de asociaciones de 1887, las organizaciones obreras abandonaron la clandestinidad a la que estaban relegadas. La ley del jurado de 1888 fue dotada de un fuerte contenido político al concedérsele a la institución juzgar materias fundamentales como los delitos de imprenta. Por fin, en 1890 fue aprobada la ley del sufragio universal. En el eje de la racionalización administrativa es de destacar la promulgación en 1889 del Código Civil, inspirado en sus

La apertura de Cortes en el Senado. *Ovación tributada a S. M. la Reina Regente, durante la lectura del discurso de la Corona.* Dibujo de Juan Comba para *La Ilustración Española y Americana*, nº XVI, 30 de abril de 1898. A la derecha de la reina, el rey Alfonso XIII con doce años de edad.

bases por Alonso Martínez, que permitía la existencia del matrimonio civil.

El retorno de Cánovas al poder en 1890 en plena crisis económica y agraria finisecular puso de manifiesto fuertes discrepancias en el seno del partido conservador entre los partidarios de la regeneración de la moralidad pública y una mayor limpieza en las elecciones, con Francisco Silvela a la cabeza, y los defensores del *statu quo* reinante, postura liderada por Francisco Romero Robledo. Un escándalo en las cuentas del municipio de Madrid propició aún más esta fractura que condujo a la formación de un nuevo gobierno liberal en 1892, gabinete que mostró como mayor interés, una vez hechas ley las conquistas liberales, los infructuosos intentos de un joven Antonio Maura, todavía en las filas del partido de Sagasta, por solucionar el problema colonial.

La guerra de Cuba y la crisis de 1898

La pérdida de las últimas posesiones españolas de ultramar debe integrarse en el contexto de la redistribución de los imperios coloniales a finales del siglo XIX, producto del complejo juego internacional de fuerzas e influencias que tendrán que dirimirse en la Primera Guerra Mundial, fundamentalmente, entre las Potencias centrales (Alemania y el Imperio austro-húngaro) y las poderosas Francia, Gran Bretaña y Estados Unidos. Un conjunto de tensiones e influencias en los que España apenas contaba ya a pesar de su dilatado pasado. Hemos comentado en el capítulo anterior, a propósito de la guerra de los Diez Años en Cuba, cómo los monocultivos de la gran isla antillana, el azúcar y el tabaco, buscaban su mercado natural en Estados Unidos antes que en la propia metrópoli. Sin embargo, la ley arancelaria de 1892, de carácter fuertemente proteccionista, impidió en buena medida esta posibilidad, incrementando de esta forma el carácter colonial de Cuba y el descontento criollo. La fuerza intelectual del movimiento separatista cubano fue liderada por José Martí, periodista y poeta, fundador del Partido Revolucionario Cubano. Martí tuvo la capacidad de unir los intereses de los terratenientes criollos con la desesperación de los humildes, propiciando de esta forma el inicio de la que sería la definitiva insurrección cubana en febrero de 1895.

El gobierno de Cánovas confió en la experiencia del general Arsenio Martínez Campos para controlar la sedición, pero la guerra de guerrillas liderada por Antonio Maceo, tras la temprana muerte de Martí, no era fácil de controlar. Martínez Campos fue sustituido

Portada del semanario satírico de Nueva York *Puck*, en la
que se ironiza con una imagen de una anciana y debilitada
reina regente de España, que a duras penas puede domeñar
a sus «díscolos» hijos Cuba y Filipinas. Publicada
en noviembre de 1896, tan lastimera visión
resultó profética.

por el general Valeriano Weyler quien, con métodos más expeditivos propios de la guerra antiguerrilla, pareció hacer frente e incluso controlar la sublevación. Sin embargo, en España la situación se complicó con el asesinato de Cánovas en el balneario de Santa Águeda en agosto de 1897, que obligó a la formación de un nuevo gobierno presidido por Sagasta en octubre del mismo año. En un intento de controlar semejante estado de cosas, Sagasta concedió una amplia amnistía y dotó a la isla de un régimen autónomo según el proyecto presentado por Segismundo Moret, pero era ya demasiado tarde, las algaradas populares provocadas por los unionistas en Cuba propiciaron la intervención estadounidense. El gobierno republicano del presidente William McKinley envió al acorazado *Maine* a La Habana para proteger los intereses de los ciudadanos estadounidenses en la isla. El *Maine* fue volado por una explosión que los estadounidenses atribuyeron a una mina española. El hecho, convenientemente manipulado por la prensa sensacionalista de Joseph Pulitzer y Randolph Hearts, propició la intervención militar de Estados Unidos y la guerra. El primer desastre se produjo con la aniquilación de la flota española del Pacífico el primero de mayo de 1898 en Cavite (Filipinas), un verdadero y lastimoso ejercicio de tiro al blanco por parte de la escuadra del almirante George Dewey. La derrota total se completó con la destrucción el 3 de julio de 1898 de la escuadra del almirante Pascual Cervera, sin carbón para operar, a la salida de la bahía de Santiago de Cuba a manos de la flota estadounidense que realizaba el bloqueo.

Como consecuencia de la intervención estadounidense, España renunció por el tratado de París, firmado en agosto de 1898, a sus derechos sobre Cuba, Puerto Rico y Filipinas. Las islas Filipinas, Puerto Rico y la pequeña isla de Guam, situada en el Pacífico occidental, fueron cedidas a Estados Unidos. La guerra le

Hundimiento del *Maine* en el puerto de La Habana en febrero de 1898. La noche del 15 de febrero, la explosión de una mina voló la proa del barco, haciendo que este se hundiese de inmediato, causando doscientas sesenta y seis víctimas. La voladura del acorazado, sobre cuyas causas se ha especulado mucho, fue el detonante de la guerra hispano-estadounidense.

costó a España casi cien mil hombres, muchos de ellos muertos por enfermedades propias de las guerras tropicales como la malaria, la fiebre amarilla y el tifus, y el convencimiento de ser una nación modesta, sin influencia en la esfera internacional. De su formidable pasado colonial solo restaban unas pocas posesiones en África, que por entonces eran el Sáhara Occidental (desde 1884), el pequeño enclave de Sidi Ifni (a partir del tratado de Wad-Ras de 1860) y la Guinea Ecuatorial (isla de Bioko y territorio de Río Muni), constituida en protectorado en 1885 y reconocida como colonia a partir de 1900.

La interiorización de este convencimiento de la medianía nacional supuso lo que se dio en llamar «la crisis del 98», presidida por la depresión económica y la confusión política, pero sobre todo por la crisis moral de la conciencia nacional reflejada en la obra del político y jurista aragonés Joaquín Costa (*Reconstitución y europeización de España*, de 1899; y *Oligarquía y caciquismo*, de 1902), del escritor y filósofo bilbaíno Miguel de Unamuno, del insigne novelista Pío Baroja y de tantos otros brillantes representantes de su generación.

El joven rey tenía entonces doce años de edad, es difícil imaginar un panorama más complicado a la hora de afrontar la tarea de gobierno. No se trataba aquí solamente de la pérdida de un monumental pasado colonial, la verdadera cuestión era que la crisis del 98 venía a ratificar la agónica pervivencia de un sistema político periclitado, incapaz de articular una sociedad dividida en lo económico, en lo político, en lo religioso e incluso en lo que respecta a la concepción de España como país.

INFANCIA Y JUVENTUD DEL REY

Como hijo de un padre enfermizo de muerte prematura, el niño Alfonso fue criado entre algodones. No obstante, la familia pudo comprobar bien pronto que no había razones para tanta alarma. Alfonso XIII crecía y se desarrollaba a plena satisfacción entre los inviernos en Madrid y los veranos en San Sebastián. Fue educado, alto y espigado como era, en el culto al cuerpo y al deporte, fundamentalmente la equitación, la natación y el tenis. Naturalmente, siendo un Borbón, la caza pasó a ser muy pronto uno de sus entretenimientos favoritos.

En cuanto a su educación, se puede decir que fue bien instruido en todo lo esencial. Sus preceptores, con el catedrático de Derecho político y luego ministro de Instrucción Pública, Vicente Santamaría de Paredes, a la cabeza, pusieron especial énfasis en ilustrar al joven rey en los entresijos del derecho constitucional. No

El rey Alfonso XIII en la primera adolescencia. Fotografía
que se conserva en la biblioteca del Congreso de Estados
Unidos. Que el joven rey vistiera en esta ocasión de militar
no es casual. Lo grueso de su formación y la principal
de sus querencias se desarrollaría siempre
en el ámbito castrense.

obstante, hay que decir que lo fundamental de la formación de Alfonso XIII fue de carácter militar. Circunstancia muy utilizada por sus enemigos a la hora de explicar sus connivencias con el general y dictador Miguel Primo de Rivera. En lo religioso, Alfonso se mostró siempre como un católico convencido, mucho más de lo que lo había sido su padre. En ello debió de tener buena parte de responsabilidad la rígida y estricta formación que le fue inculcada por el padre jesuita José Fernández Montaña, a la sazón confesor de la reina madre. La conjunción en él de un programa educativo fundamentalmente tradicional no impidió que a la altura de su coronación como rey, el 18 de mayo de 1902, apareciese como un joven despierto, afable e irónico, siempre al cabo de las cosas de la vida. De él dejó escrito el ilustre polígrafo Salvador de Madariaga en sus memorias publicadas en 1967: «Era entonces un príncipe simpático, cuyas facciones, francas y juveniles, expresaban con encantadora espontaneidad el interés, la buena voluntad y una ingenua sorpresa ante las maravillas de la vida. Un intelecto rápido [...] y el deseo sincero de cumplir sus deberes reales lo mejor posible y de servir a su país».

Boda y tragedia

Llegado el momento de que el rey contrajese matrimonio, las cancillerías europeas comenzaron su actividad habitual. Mientras tanto, era un hecho que en España los sectores más conservadores, reina madre incluida, preferían un matrimonio con una princesa alemana o austriaca; mientras los liberales se decantaban con claridad por la opción británica, que al final fue la que triunfó. Si bien no con la princesa en la que se había pensado en principio, que no era otra que Patricia de Connaught, sobrina del rey británico Eduardo VII.

Curiosa lámina publicada en *La Ilustración Española y Americana* en febrero de 1906, que da cuenta de la primera entrevista celebrada entre la princesa Victoria Eugenia de Battenberg y el rey Alfonso XIII. El encuentro tuvo lugar en la villa Mouriscot de Biarritz. Dibujo de Alcázar.

Alfonso percibió enseguida durante su visita a Londres la frialdad que le deparaba la princesa Patricia, en realidad ya medio comprometida con el duque de Anglesey. Pero no fue un viaje en balde, allí conoció a otra sobrina de Eduardo VII, la princesa Victoria Eugenia de Battenberg, hija de Enrique de Battenberg y de la princesa Beatriz de la Gran Bretaña, hermana del rey Eduardo y, por tanto, nieta de la reina-emperatriz Victoria. Al contrario que su prima Patricia, la princesa de Battenberg se mostró muy amable y solícita con Alfonso, decía el escritor Azorín, por entonces corresponsal del diario español *ABC* en Londres, que «siempre andaba junto a él y sonreía y charlaba animada». Así, a pesar de que el rey Alfonso prosiguió su gira por diversas capitales europeas a fin de no desairar a su madre, lo cierto es que la decisión estaba tomada por ambas partes. Habría matrimonio y sería, además, por amor, como el de su padre Alfonso XII con María de las Mercedes de Orleans. De aquella época de amable noviazgo se cuenta una divertida anécdota que nos habla del amor de Alfonso XIII por las tradiciones de su país. Cuentan que cuando el rey, ya novio de Ena, que era como llamaba familiarmente a la princesa Victoria de Battenberg, estaba tomando el té con su prometida, se le ocurrió mojar una pasta en el brebaje. Su novia, escandalizada, le dijo: «Por Dios, Alfonso; en Inglaterra nadie moja una pasta en el té»; a lo que el joven monarca español, muy tranquilo, contestó: «¿Ah, no? Pues en España lo hace hasta el rey». Ni que decir tiene lo que pensaría la princesa británica cuando pudo comprobar de primera mano cómo los españoles acostumbraban a desayunarse mojando los churros en el café o en el chocolate, en caso de que de la merienda se tratase.

La boda real tuvo lugar el 31 de mayo de 1906 en la madrileña iglesia de los Jerónimos. Alfonso tenía veinte años y Victoria Eugenia, ya cumplido el requisito de su conversión al catolicismo, dieciocho. Como se sabe, fue una boda presidida por el signo del dolor, pues al regreso de los Jerónimos, mientras la comitiva real transitaba por la calle Mayor, el anarquista Mateo Morral arrojó desde un balcón una bomba oculta en un ramo de flores contra la carroza de la real pareja. Al tropezar el ramo con el tendido del tranvía que desvió su trayectoria, Alfonso y Victoria Eugenia pudieron salir indemnes, pero a su alrededor todo fue muerte y desolación. Aquella jornada fallecieron una treintena de personas entre público y personal del séquito. Era el segundo atentado que sufría el rey. Justamente un año antes otro anarquista le había arrojado una bomba en la calle Rohan de París, sin conseguir tampoco sus fines homicidas. En ambas ocasiones, Alfonso XIII mostró una notoria valentía y entereza. Algunos historiadores de tendencia más o menos conservadora, como Carlos

Foto conmemorativa del anuncio del compromiso de la real pareja. Alfonso XIII, al igual que había hecho su padre, se casó enamorado de la joven princesa británica Victoria Eugenia de Battenberg. No obstante, las repetidas tragedias familiares, especialmente las enfermedades de sus hijos, provocaron un cierto distanciamiento entre ellos, agravado por las infidelidades del rey.

Seco Serrano o Raimond Carr han especulado con la idea de que tras las actividades de aquellas células anarquistas se encontraba la figura del pedagogo anarquista Francesc Ferrer i Guardia, luego acusado como instigador de los luctuosos sucesos de la Semana Trágica de Barcelona en 1909. En esta ocasión tampoco estuvo nada clara su participación en los hechos, sin embargo fue ajusticiado por orden del tribunal militar que le juzgaba, causando aquel acto un verdadero furor antialfonsino en toda Europa.

La real pareja se rehízo pronto de aquellos duros acontecimientos, pero no terminarían aquí las preocupaciones y los sinsabores, ya que bien pronto pudieron comprobar cómo la enfermedad se cebaba con su descendencia de un modo verdaderamente cruel. Victoria

Eugenia había heredado de su abuela la reina Victoria la capacidad de transmitir a su progenie la hemofilia, enfermedad conocida entonces como «piel fina». La hemofilia, que transmiten las mujeres a sus hijos varones sin padecerla, es un mal consistente en la carencia del factor de coagulación de la sangre impreso en los cromosomas normales que hace que una simple hemorragia pueda acabar con la vida del sujeto que la sufre. Una enfermedad entonces sin cura posible que acechaba fundamentalmente a las familias reales debido a su alto porcentaje de endogamia. Se desconoce si Alfonso XIII había sido advertido de esta posibilidad impresa en la herencia genética de su esposa, el caso es que ya a su primer hijo Alfonso (nacido en 1907), príncipe de Asturias, se le diagnosticó tempranamente hemofilia, convirtiéndose de este modo en un niño delicadísimo, susceptible de que un simple tropezón lo llevase a la tumba. Para colmo de males, Gonzalo (nacido en 1914), tercer hijo de la pareja, sufriría del mismo mal y, entremedias, Jaime (nacido en 1908), el segundo hijo en la línea sucesoria, contraería tempranamente un estado de sordomudez causado por una otitis aguda mal operada. En consecuencia, Alfonso y Victoria Eugenia solo traerían al mundo a tres hijos sanos: Juan de Borbón, nacido en 1913, y las infantas Beatriz y Cristina, nacidas respectivamente en 1910 y 1911. En suma, un panorama familiar verdaderamente desolador que afectaría gravemente a la felicidad de los reyes, que comenzaron a distanciarse irremisiblemente.

Alfonso XIII, con ansias de evadirse de semejante drama familiar, comenzó a tener algunas relaciones galantes, aunque solo una verdaderamente seria, la que mantuvo con la actriz de cine y teatro Carmen Ruiz Moragas. Alfonso conoció a la actriz en 1916, y la familia Ruiz, temerosa de semejante escándalo, quiso casar a Carmen con el torero mexicano Rodolfo Gaona, pero el matrimonio solo duró seis meses, en tanto la relación con el rey se consolidaba. En julio de 1925 Carmen Ruiz Moragas dio a luz a una niña, María Teresa, a la que fue a tener en Florencia, buscando discreción. Significativamente, Alfonso XIII organizó un viaje privado para poder asistir al parto. En abril de 1929 nació Leandro Alfonso, quien, pese a las reticencias de la actual familia real, es reconocido por la ley española como descendiente de Alfonso XIII, a través de diversas providencias, siendo la última de fecha 28 de abril de 2004, dictada por el juzgado madrileño del Registro Civil, por la que se reconoce legalmente a Leandro Alfonso Luis de Borbón Ruiz como hijo de Alfonso XIII de pleno derecho.

Carmen Ruiz Moragas murió con treinta y ocho años víctima de un cáncer, y María Teresa y Leandro vivieron con su tía María Ruiz, mantenidos por un fondo que Alfonso XIII había depositado al efecto en un banco suizo. Hay que decir que un tercio de ese fondo fue asignado a otra hija, por nombre Juana Alfonsa Milán y Quiñones de León, también hija natural, según aseguraba el historiador Juan Balansó, de Alfonso XIII y de Beatrice Noon, institutriz de los infantes de origen irlandés. Según el mismo Balansó, el apellido Milán proviene de uno de los títulos históricos del rey, el ducado de Milán, y Quiñones de León del que fuera embajador de España en Francia y depositario de los secretos de Alfonso XIII. La reina Victoria Eugenia de Battenberg trató de sobrellevar estas vicisitudes como mejor pudo, pero su alejamiento afectivo del rey se hizo cada vez más notorio hasta su separación tras el exilio regio.

Al hilo de estas debilidades privadas, hay que decir que existe también «otro» Alfonso XIII realmente sorprendente, por ejemplo en su faceta de aficionado al cine erótico, cuando no, directamente pornográfico. Según el investigador Román Gubern, el rey habría producido en los años veinte del pasado siglo en las profundidades del barrio chino barcelonés y a través de su confidente, Álvaro de Figueroa y Torres, conde de Romanones, películas subidas de tono como *El confesor, El ministro* y *Consultorio de señoras*, encargadas a los hermanos Ricardo y Ramón Baños, dueños de una productora barcelonesa fundada en 1915 y bautizada, significativamente, con el nombre de Royal Films.

La crisis del sistema de la Restauración

Los primeros pasos de la monarquía de Alfonso XIII evidenciaron bien pronto dos realidades: que el nuevo rey estaba dispuesto en grado sumo a tomar las riendas del Estado, más que reinando, gobernando, y que el sistema de turno seguía vigente y sin visos aparentes de verse modificado. No obstante, el cambio de siglo no había pasado en vano. Pretender que el país continuase eternamente bajo una forma de gobierno basada en el amaño electoral y el caciquismo era ya una utopía. En primer lugar porque los sucesores de Cánovas y Sagasta nunca gozaron de su capacidad de control y cohesión, pero sobre todo porque las filas de los políticos ajenos al sistema no hacían más que engrosar, ya fueran los republicanos del Partido Reformista de Melquíades Álvarez o del Radical de Alejandro Lerroux, como los representantes del emergente movimiento obrero o los partidos regionalistas en alza, tales como la Lliga Regionalista de Francesc Cambó.

En realidad, la crisis del sistema la iniciaron los propios partidos dinásticos al protagonizar luchas intestinas entre sus principales líderes a fin de hacerse con su cabeza, desaparecidos ya los fundadores. Así, tras el fallecimiento de Práxedes Mateo Sagasta en 1902, la jefatura del Partido Liberal se la disputaron Segismundo Moret y Eugenio Montero Ríos. Lo mismo ocurrió en el seno del Partido Conservador, cuando el fallecimiento del sucesor de Cánovas, Francisco Silvela, en mayo de 1905, causó la abierta disputa entre Raimundo Fernández Villaverde y Antonio Maura. De este modo, entre unos y otros movimientos, un edificio hasta hacía bien poco considerado inexpugnable comenzaba a desmoronarse por la inevitable corrosión de sus propios cimientos.

AÑOS DE HIERRO

Consciente de la situación, Antonio Maura, el nuevo líder de los conservadores, se propuso iniciar una «revolución desde arriba» destinada a lavar la cara al sistema, propugnando medidas reformistas tendentes a lograr una mayor cohesión social (creación del Instituto Nacional de Previsión, ley del descanso dominical) y la extinción del caciquismo (ley de bases de reforma de la Administración Local). No obstante, las tensiones generadas por las reclutas, para la ocupación del norte de Marruecos, hicieron a Maura muy impopular sobre todo en Cataluña, donde jamás se le perdonaría el asunto *Cu-Cut!* El célebre semanario satírico con ese nombre había publicado el 23 de noviembre de 1905 una viñeta sarcástica que ofendió gravemente a los militares de la guarnición de Barcelona, que decidieron tomarse la justicia por su mano, asaltando las oficinas de la revista. El gobierno, esta vez encabezado por Segismundo Moret, lejos de afear tal conducta, decidió promulgar la llamada ley de jurisdicciones, mediante la cual, los tribunales militares entenderían de los casos en los que se «injuriase» al Ejército. Una medida que atentaba directamente contra los principios constitucionales. Para muchos, aquella decisión fue el principio del fin de la confianza del pueblo en su rey.

Realmente, el problema de Marruecos subyacía tras toda contestación popular. Era en realidad un intento realmente vano de la política española por participar en la carrera colonial protagonizada por las potencias europeas en África. Tirando de la tradición y de los éxitos de la época de O'Donnell y Prim, se pretendió establecer un pequeño protectorado en la difícil zona del Rif, frente a los intereses encontrados de Francia y Alemania. Por acuerdo de la conferencia de Algeciras (1906), España era autorizada a recoger las «migajas» del gran reparto colonial, comenzando la penetración en el territorio desde Melilla a partir de 1907. Como se sabe, el ejército español, mal pagado y peor equipado, comenzó un peligroso derrotero de traspiés y fracasos en torno al monte Gurugú (barranco del Lobo, 25 de julio de 1909). Tras la conquista de este, las hostilidades con las kábilas rifeñas parecieron serenarse, hasta la irrupción en escena hacia 1919 de su nuevo cadí, Beni Urrriaguel, llamado Abd-el-Krim, antiguo traductor y columnista al servicio de la administración española. Para doblegarle, se envió a los generales Dámaso Berenguer y Manuel Fernández Silvestre. Este último, en su ansia por derrotar a los kabileños, descuidó sus flancos cayendo en la posición de Annual el 9 de agosto de 1921. En aquellas jornadas de Annual, Nador y Monte Arruit, perdieron la vida no menos de trece mil soldados españoles, suponiendo un verdadero desastre nacional. De hecho, el deseo de los militares de recuperar el prestigio perdido explica en parte el advenimiento de la dictadura de Miguel Primo de Rivera.

Fue precisamente el rechazo popular a la llamada de los reservistas urbanos la causa principal en 1909 de la primera gran crisis de la monarquía: la Semana Trágica de Barcelona. La huelga general, las barricadas en las calles y la quema de conventos condujeron al gobierno a un callejón sin salida que se saldó con una contundente represión militar y el fusilamiento en Montjuïc de diecisiete líderes revolucionarios, entre los

La librería San Martín en la madrileña Puerta del Sol
instantes después del asesinato de José Canalejas por mano
del anarquista Manuel Pardiñas. Aquella cobarde fechoría
dio al traste con las esperanzas de muchos, que habían
visto en aquel jefe de gobierno las cualidades necesarias
para enderezar la inevitable deriva de la monarquía hacia
el autoritarismo.

que se encontraba el pedagogo anarquista Francesc Ferrer i Guardia que, como ya hemos señalado más
arriba, no había tenido que ver con el inicio de la revuelta. La contestación en Europa ante este hecho fue
tan contundente que precipitó la salida de Antonio
Maura del gobierno, impulsado, incluso, por el rey Alfonso XIII, argumentando que su presidencia «no podía
prevalecer contra media España y más de media Europa». Tras un nuevo paso de Segismundo Moret por el
gobierno, sería el ferrolano José Canalejas el encargado
de salvar por esta vez a la monarquía. Su espíritu con-
ciliador y verdaderamente progresista aunó muchas
voluntades y proporcionó oxígeno al sistema alfonsino,
pero no se le concedió tiempo para desarrollar su programa destinado a lograr la verdadera democratización
del sistema, ya que el 12 de noviembre de 1912 caía
asesinado por el anarquista Manuel Pardiñas cuando

El pedagogo anarquista Francesc Ferrer i Guardia,
cuyo fusilamiento en Montjuïc tras los luctuosos sucesos
de la Semana Trágica de Barcelona provocó una cascada de
protestas contra el rey Alfonso XIII y su gabinete a lo largo
de toda Europa. En realidad, la sombra inquietante del
anarquismo persiguió al rey Alfonso desde el primer
atentado que sufriera en la calle Rohan de París, un año
antes de contraer matrimonio con Victoria Eugenia
de Battenberg.

contemplaba el escaparate de la librería San Martín en la madrileña Puerta del Sol.

La neutralidad española en la Primera Guerra Mundial, durante la que el rey Alfonso se significó por sus acciones altruistas a favor de los prisioneros de guerra y muy significativamente tratando de salvar a la familia imperial rusa de su trágico final, proporcionó a la monarquía tiempos de tranquilidad en medio de una relativa prosperidad general. Sin embargo, la oleada de huelgas obreras de 1917, que tuvo su continuación en la célebre huelga de La Canadiense (empresa suministradora del fluido eléctrico en Barcelona), volvió a situar a la monarquía en entredicho, al considerársela permanentemente del lado de la opinión de los jefes militares. En el otoño de 1922, el general Miguel Primo de Rivera fue destinado a ocupar la capitanía general de Cataluña. Desde aquel puesto tendría la oportunidad de comprobar el sombrío estado de las cosas, el pistolerismo anarquista en las calles, el déficit público y humano que causaba la sangría de Marruecos, agravado por el inquietante informe del general Juan Picasso, que manifestaba la incompetencia con la que se habían llevado las operaciones y salpicaba incluso al rey y mostraba a las claras la descomposición global del sistema ideado por Cánovas. Ante aquella tesitura, Primo de Rivera se hizo oídos de aquellas voces que reclamaban un gobierno autoritario, la llegada de un «cirujano de hierro» destinado a «enderezar» España, como había sugerido ya en 1902 el propio Joaquín Costa. Lo peor es que el rey Alfonso XIII no supo o no quiso desentenderse de un movimiento que pasaba por la suspensión de los derechos constitucionales de los españoles. Esta fue la verdadera causa de su caída final.

Dictadura y crisis de la monarquía

El balance de la dictadura de Primo de Rivera se desarrolla en amplio abanico entre aspectos positivos, fundamentalmente el éxito económico apoyado en la bonanza internacional de «los felices veinte», la solución del problema de Marruecos y poner coto al caos público, y otros francamente negativos, como la suspensión de las libertades constitucionales. Así, el exitoso desembarco de Alhucemas llevado a cabo bajo el mando directo de Primo de Rivera el 8 de septiembre de 1925 puso a la coalición hispano-francesa en condiciones de derrotar a Abd-el-Krim. En efecto, en 1927 el Rif había sido sometido plenamente, causando un enorme alivio en la atribulada sociedad española. Como decíamos, a estos éxitos se unieron evidentes logros económicos: fomento de la industria, una ambiciosa política de obras públicas que propició la mejora de ferrocarriles y carreteras y el desarrollo de la producción eléctrica a través de la construcción de pantanos. A la vez, la cara más amable del régimen se fraguó con la celebración de las exposiciones internacionales de Barcelona e Iberoamericana de Sevilla, ambas en 1929, con más éxito social y de imagen de la dictadura que verdaderamente económico.

No obstante, el crac de la bolsa de Nueva York y la subsiguiente crisis internacional redujo los éxitos económicos de la dictadura a sus justos términos, y la devaluación de la peseta, en caída libre hasta 1932, evidenciaría la fragilidad de lo alcanzado. Por el contrario, el malestar político, con casi todos los personajes de la vida pública excluidos del sistema de gobierno, no hacía más que crecer. Por si esto fuera poco, el intento de Primo de Rivera de introducir el ascenso por méritos, substituyendo al sistema tradicional de escalafón, en el arma de Artillería, supuso una verdadera fractura en la lealtad de los militares al dictador. Viendo que la llama

El rey posando junto al general Miguel Primo de Rivera en 1930, cuando los años de éxitos económicos y control social habían pasado ya definitivamente y al dictador no le restaba más camino que el exilio en París.

de Primo de Rivera se extinguía, Alfonso XIII decidió forzarlo a dimitir un 30 de enero de 1930. Primo de Rivera se retiró desencantado de todo a París, dejando al rey en su vano intento de regresar al estado habitual de las cosas como si nada hubiese ocurrido. Obviamente no le fue posible hacerlo. No tenía ya en quién apoyarse, incluso la intelectualidad que al comienzo del reinado lo había tratado con simpatía, se había alejado de él, desde el pensador José Ortega y Gasset al literato Miguel de Unamuno que, directamente, detestaba a Alfonso XIII. Los sucesivos gobiernos encabezados por Dámaso Berenguer y el almirante Juan Bautista Aznar no hicieron más que tratar de paliar la situación, con todo el arco político en bloque en contra de la monarquía. Ni siquiera los propios monárquicos, como Álvaro de Figueroa, conde de Romanones, creían excesivamente en sí mismos.

El almirante Aznar trató de aplazar en lo posible la convocatoria de unas elecciones generales que podían perder ante los partidos republicanos y nacionalistas, pero no pudo evitar la convocatoria de elecciones municipales para el 12 de abril de 1931. Aritméticamente aquellas elecciones fueron ganadas por las formaciones políticas proclives a la monarquía, al obtener veintidós mil ciento cincuenta concejales, frente a los cinco mil ochocientos setenta y cinco republicanos. No obstante, los partidarios de la continuidad de Alfonso XIII habían perdido en cuarenta y una de las cincuenta capitales de provincia, justamente allí donde el esclerótico caciquismo no tenía ya nada que decir. Esto fue definitivo, el voto urbano reclamó la inmediata proclamación de la II República Española. Alfonso XIII celebró un último y lastimoso Consejo de Ministros, donde comprendió que ni siquiera podía contar ya con los suyos. La renuncia al trono, que no abdicación formal, fue la decisión más sensata que pudo tomar. Con aquellas poderosas razones que han quedado para la histo-

MADRID DIA 17 DE ABRIL DE 1931
NUMERO SUELTO 10 CENTS

ABC

DIARIO ILUSTRADO AÑO VIGESIMOSEPTIMO
N. 8.833

REDACCION Y ADMINISTRACION CALLE DE SERRANO, NUM. 55, MADRID

AL PAIS

He aquí el texto del documento que el Rey entregó al presidente del último Consejo de ministros, capitán general Aznar:

Las elecciones celebradas el domingo me revelan claramente que no tengo hoy el amor de mi pueblo. Mi conciencia me dice que ese desvío no será definitivo, porque procuré siempre servir a España, puesto el único afán en el interés público hasta en las más críticas coyunturas.

Un Rey puede equivocarse, y sin duda erré yo alguna vez; pero sé bien que nuestra Patria se mostró en todo momento generosa ante las culpas sin malicia.

Soy el Rey de todos los españoles, y también un español. Hallaría medios sobrados para mantener mis regias prerrogativas, en eficaz forcejeo con quienes las combaten. Pero, resueltamente, quiero apartarme de cuanto sea lanzar a un compatriota contra otro en fratricida guerra civil. No renuncio a ninguno de mis derechos, porque más que míos son depósito acumulado por la Historia, de cuya custodia ha de pedirme un día cuenta rigurosa.

Espero a conocer la auténtica y adecuada expresión de la conciencia colectiva, y mientras habla la nación suspendo deliberadamente el ejercicio del Poder Real y me aparto de España, reconociéndola así como única señora de sus destinos.

También ahora creo cumplir el deber que me dicta mi amor a la Patria. Pido a Dios que tan hondo como yo lo sientan y lo cumplan los demás españoles.

Alfonso

Nota del Gobierno acerca del mensaje.

El ministro de Hacienda facilitó a última hora de ayer tarde la siguiente nota:

«El Gobierno no quiere poner trabas a la divulgación, por parte de la Prensa, del manifiesto que firma D. Alfonso de Borbón, aun cuando las circunstancias excepcionales inherentes al nacimiento de todo régimen político podría justificar que en estos instantes se prohibiera esa difusión.

Mas como el Gobierno provisional de la República, seguro de la adhesión fervorosa del país, está libre de todo temor a reacciones monárquicas, no prohibe que se publique ni cree necesario que su inserción vaya acompañada de acotaciones que lo refuten de momento.

Prefiere y basta que el país lo juzgue libremente, sin ninguna clase de sugestiones ministeriales.»

Portada del número especial editado por el diario *ABC* el 17 de abril de 1931, en el que se reproducía el Manifiesto a los españoles de Alfonso XIII tras su renuncia al trono de España.

ria en su Manifiesto a los españoles publicado en el
ABC y en *La Vanguardia* de Barcelona el 17 de abril de
1931:

> Las elecciones celebradas el domingo me reve-
> lan claramente que no tengo el amor de mi
> pueblo. Mi conciencia me dice que ese desvío no
> será definitivo, porque procuraré servir siempre
> a España, puesto el último afán en el interés
> público hasta en las más difíciles coyunturas.
> Un rey puede equivocarse, y sin duda erré yo
> alguna vez, pero sé bien que nuestra patria se
> mostró generosa ante las culpas sin malicia. Soy
> rey de todos los españoles y también soy un
> español. Hallaría medios sobrados para mante-
> ner mis regias prerrogativas en eficaz forcejeo
> con quienes las combaten; pero resueltamente
> quiero apartarme de cuanto sea lanzar a un
> compatriota contra otro, en fratricida guerra
> civil [...].

El exilio

Alfonso XIII salió del Palacio Real de Madrid en
una discreta formación de cuatro automóviles que le
aguardaban en el exterior de la puerta secreta del
Campo del Moro. La caravana real alcanzó Cartagena
sin contratiempos para embarcar hacia Marsella en el
crucero *Príncipe Alfonso*, acompañado por una tripulación que, según iban cobrando singladuras hacia su
destino, se manifestaba a cada paso más hostil. El
mismo rey, tal vez exageradamente, llegó a afirmar,
según recoge el catalanista Francesc Cambó en sus memorias: «Si la travesía hubiese durado unas horas más
—me dijo el rey—, la tripulación hubiera decidido fu-
silarme o tirarme al mar». Fuera como fuese, lo cierto

Alfonso XIII fotografiado en 1932 cuando
vivía ya en el exilio.

es que Alfonso XIII se sintió liberado al hallarse en tierra segura. En el ínterin, la reina y los infantes habían tomado poco después de la partida del rey el rápido de Irún con destino a Francia. Llegados a París aguardaron a Alfonso XIII, que había tomado el tren en Marsella y fue recibido multitudinariamente en la Gare de Lyon a su llegada a la capital de Francia al grito de «*Vive le Roi!*», que le acompañó durante todo el recorrido hasta el Hotel Maurice, primer alojamiento de la familia exiliada en Francia, muy pronto sustituido por el Hotel Saboy de Fontainebleau, considerado más discreto por el gobierno francés. Pocos meses después, Alfonso y Victoria Eugenia se separarían de facto, pues ya no debían de mantener las apariencias. Ella se marchó a Londres y el rey depuesto se dedicó a viajar, su afición favorita, teniendo como puntos más o menos habituales de residencia la suiza Lausanne, donde se hallaba ingresado el enfermizo Alfonso, todavía príncipe de Asturias, en una clínica especializada en los cuidados a hemofílicos, y Roma, que sería a la sazón su última residencia.

En 1933, Alfonso, príncipe de Asturias, se vio obligado a renunciar a sus derechos de sucesión al trono al manifestar su intención de casarse con la joven de origen cubano Edelmira Sampedro-Ocejo, tomando desde entonces el título de conde de Covadonga. El matrimonio no duró mucho, divorciándose en 1937. El fatal destino del otrora sucesor al trono de España se cerraría el 6 de septiembre de 1938 al sufrir un accidente de automóvil en la ciudad estadounidense de Miami. De la misma manera había muerto en 1934 el infante Gonzalo, el menor de los hijos del rey, también hemofílico, al golpear el coche que conducía contra una pared. De este modo, el infante Juan de Borbón, padre del futuro Juan Carlos I, accedió a la dignidad de príncipe de Asturias en 1933, ya que Jaime, el único hermano mayor que quedaba con vida, era sordomudo, como ya hemos comentado en otra parte. El paso siguiente, dadas las presiones que había recibido por parte del entorno del general y vencedor de la Guerra Civil acaecida en España entre 1936 y 1939, Francisco Franco, que consideraba a Alfonso XIII políticamente acabado, fue la renuncia del rey a sus derechos a favor de su hijo Juan de Borbón, en el transcurso de un austero acto que tuvo lugar el 14 de enero de 1941 en los bajos del Gran Hotel de Roma, donde el nieto de Isabel II e hijo de Alfonso XII había fijado su última residencia. Este acto, que el rey consideraba su «último servicio a España», le produjo tal disgusto que le causó poco tiempo después una violentísima angina de pecho, de la que ya no se pudo recuperar. Alfonso XIII falleció el 28 de febrero de 1941, siendo sepultado en la iglesia española de Montserrat de la capital italiana. En 1980 su nieto Juan Carlos I dispuso su traslado al panteón real de San Lorenzo de El Escorial, donde hoy descansan sus restos.

9

Juan Carlos I (1975-)

NOTAS EN TORNO A JUAN DE BORBÓN, CONDE DE BARCELONA (1913-1993). HISTORIA DE UNA FRUSTRACIÓN.

DE PRÍNCIPE DE ASTURIAS A «PRETENDIENTE AL TRONO»

Ya hemos relatado en el capítulo anterior las vicisitudes que condujeron a Juan de Borbón y Battenberg, tercer hijo varón de Alfonso XIII, a ostentar el título de príncipe de Asturias a partir de 1933, por renuncia más o menos obligada de sus hermanos mayores. Tenía entonces el príncipe veinte años de edad y se encontraba todavía completando su educación, cursando estudios de Marina en Darmouth, sede de la Escuela Naval británica. Como ocurriera en el caso de su padre Alfonso XIII, y en parte también debido a aquella influencia, la educación recibida por el príncipe había sido hasta entonces muy deficitaria, con escasísimos estudios civiles. De hecho, Juan de Borbón cursó únicamente el bachillerato de ciencias con profesores

Juan de Borbón en uniforme militar retratado en 1927
por el artista húngaro Philip Alexius de László de Lombo.
El óleo, que se conserva en el Palacio Real de Madrid,
refleja la imagen de un muchacho educado en el amor a
lo castrense, según el gusto de su padre, Alfonso XIII.

particulares que acudían cada mañana al Palacio Real de Madrid. Terminados los estudios medios, manifestó a su padre su deseo de ingresar en la gaditana Escuela Naval de San Fernando, donde permaneció desde comienzos de septiembre de 1930 hasta el 15 de abril de 1931, cuando se vio obligado a tomar apresuradamente el camino del exilio siguiendo a su familia.

En Inglaterra su vida transcurrió apaciblemente, dedicado a los estudios de oficial de marina, que hubiese sido probablemente su profesión si la cuestión dinástica no se hubiese cruzado en su camino. Las extrañas renuncias de sus hermanos, Alfonso a causa de sufrir la hemofilia y Jaime debido a su sordomudez, colocaron a Juan de Borbón en el primer lugar de la línea sucesoria borbónica, bien que ambos hermanos mayores se desdijeron posteriormente de lo firmado. En el caso de Alfonso, fallecido a causa de un accidente de automóvil en 1938, el arrepentimiento no tuvo excesiva trascendencia; no obstante, el infante Jaime de Borbón reivindicaría sus derechos hasta el final, causando no pocos problemas décadas más tarde a la hora de instaurar en el trono al rey Juan Carlos. Pues, aunque Jaime renunció definitivamente a sus derechos dinásticos en 1969, desde esa fecha en adelante volcaría sus esfuerzos dialécticos ante el general Franco a fin de que este desplazase a Juan Carlos de la sucesión en favor de su hijo Alfonso, casado en 1972 con la hija del dictador.

Sea como fuere, Juan resultó ser el depositario de la confianza de su padre para una pretendida «tercera restauración borbónica» en España. La historia evidenciaría, mucho más tarde, que no habría tal restauración, sino más bien una *instauración monárquica* producto de los planes que Francisco Franco había trazado para su propia sucesión. La historia de Juan de Borbón, eterno *pretendiente,* es la historia de una vida en permanente contradicción, sumida en los vaivenes políti-

Imagen veraniega de los hijos de Alfonso XIII.
Juan de Borbón permanece en pie, el segundo por la derecha.
Sentado, su hermano Jaime y a su izquierda el primogénito
Alfonso. Ambos hermanos mayores serían separados de la
línea sucesoria debido a las enfermedades que padecían.

cos impuestos por las circunstancias, que tan pronto le
aconsejaban apadrinar la idea de una restauración monárquica apoyada en el Movimiento Nacional instau-
rado por el general Franco, triunfante tras la Guerra
Civil, como defender públicamente la instauración de
una monarquía de corte liberal y democrático, opuesta
en todo a los designios del dictador. Tales bandazos
ideológicos, en medio de los que se contempló, incluso,
un trasnochado acercamiento al tradicionalismo carlista, debieron de obedecer fundamentalmente a la praxis de la coyuntura política, pero siempre teniendo en
cuenta que, en el fondo, lo único que seguramente an-
siaba el hijo de Alfonso XIII con diáfana claridad era
reinar efectivamente sobre los españoles. Veamos pues,
siquiera a grandes rasgos, la crónica de esta frustración.
　　Aunque Juan de Borbón accedió a la dignidad de
príncipe de Asturias en 1933, lo cierto es que los dos

años posteriores a su nombramiento transcurrieron como si nada hubiese ocurrido con el infante de España ocupado en su formación naval a cargo de la Royal Navy. No fue hasta marzo de 1935 cuando se licenció con el grado de teniente de navío honorario para abandonar la armada británica y marchar a Roma a ocuparse de las tareas propias de príncipe heredero de la Corona. Poco más se hizo por su formación en el periodo subsiguiente, si bien cursó algunos meses de estudios de Humanidades y Ciencias Políticas en Florencia, donde, por cierto, tomó contacto con la concepción teórica del totalitarismo fascista, propio de la Italia de aquellos años. Pero nada de todo aquello le inclinó a perseverar en sus estudios. Se ocupó fundamentalmente de buscar esposa, eligiendo por amor a su prima María de las Mercedes, hija del infante Carlos de Borbón Dos-Sicilias y de la segunda esposa de este, María de Orleans. La boda tuvo lugar en Roma el 12 de octubre de 1935, celebrándose con toda la pompa propia de los esponsales regios. Significativamente, al acto acudieron destacados representantes de los partidos monárquicos españoles, como Renovación Española o Acción Española. Viéndose allí personalidades tan significativas en la futura vida política de Juan como el propietario del diario *ABC* Juan Ignacio Luca de Tena o el escritor José María Pemán. Juan y María de las Mercedes establecieron su domicilio en la Costa Azul francesa, en la llamada Ville Saint Blaise, situada en Cannes, donde nacería la infanta Pilar, primera hija de la pareja. Allí tuvo Juan de Borbón noticia del inicio en julio de 1936 de la Guerra Civil, luctuoso hecho que le aconsejaría iniciar de una manera activa su acción política, permanentemente encaminada, como venimos defendiendo, hacia su propia restauración en el trono de España.

Mientras su padre Alfonso XIII seguía apasionadamente desde Roma el desarrollo de la guerra, dispo-

niendo sobre un mapa con banderitas el progreso de
los sublevados, Juan decidió tomar parte activa en el
conflicto, entrando clandestinamente en España para
participar en lo que ya se conocía en su ambiente como
la Cruzada Nacional. Así, un pequeño grupo de voluntarios, encabezado por él mismo, cruzó la frontera con
Francia por la localidad navarra de Dantxarinea, alcanzando Pamplona el 1 de agosto de 1936. Allí, casi no-
velescamente, se enfundó un mono de trabajo azul y
se calzó una gorra roja al estilo requeté, haciéndose llamar Juan López, voluntario. Aquel mismo día partieron
los expedicionarios hacia el frente de Somosierra, en la
serranía norte de Madrid, en busca de la columna del
general Francisco García-Escámez que había tomado el
mismo camino días antes. Pero su aventura iba a re-
matarse muy pronto. Al detenerse a cenar en el para-
dor burgalés de Aranda de Duero, los voluntarios
fueron abordados por la Guardia Civil, que portaba una
orden taxativa del general Emilio Mola, entonces, y
hasta su fallecimiento en accidente de aviación, el «director» de la sublevación, por la que deberían abandonar inmediatamente la península ibérica. Allí mismo
pudo comprobar el infante lo lejos que estaba en el
ánimo de los generales sublevados el siquiera plantear
una inmediata restauración borbónica. De hecho, de
vuelta a territorio francés, Juan quiso insistir ante
Franco, solicitándole le permitiese incorporarse siquiera a la Marina sublevada, sin pisar tierra española
si esto se veía inviable. Franco, iniciando una larguí-
sima serie de desencuentros con Juan de Borbón, le respondió negativamente, argumentando que no podría
asegurar la protección de «su Alteza Real». De este
modo, el jefe de los sublevados se sacudía un problema
de encima con un simple acto administrativo, algo que
seguiría haciendo así siempre, ante la permanente desesperación del frustrado pretendiente. En los años sucesivos, aún en vida de Alfonso XIII, Franco jamás se

referiría a la restauración borbónica como una realidad, tan solo como una más bien remota posibilidad de sucesión de su propio régimen.

Vista la actitud de Franco, a Juan de Borbón no le quedaba más que mantenerse en el exilio a la espera de acontecimientos. Y el fundamental correspondiente a aquellos tiempos fue la abdicación de su padre en su persona, firmada en Roma el 15 de enero de 1941. Alfonso XIII, ya muy deteriorado por la enfermedad cardiaca que sufría, moriría poco después convencido de que «Franco se la había jugado». No le faltaba razón, el dictador había afirmado con toda rotundidad que no aspiraba a ser «otro» Primo de Rivera. El documento de aceptación de la Corona, firmado por Juan de Borbón, inaugura de alguna manera la larga suerte de vaivenes político-ideológicos que presidieron la vida pública del ya pretendiente al trono de España. En este caso, se estrenó con un documento francamente antiliberal, en el que se defendía el monarquismo autoritario, el fascismo corporativista y el ultracatolicismo. Todo ello, resumido bajo la formulación de una «monarquía tradicional» más propia del carlismo ultramontano que de la tradición liberal borbónica. Será también en este año de 1941 cuando Juan de Borbón asuma el título de conde de Barcelona, dignidad elegida por ser propia de los reyes de España, además de suponer un guiño dirigido con toda intencionalidad hacia Cataluña. Juntamente, dada la abdicación de su padre y el traspaso de los «derechos dinásticos» de su casa, se convirtió también en «príncipe pretendiente», aunque, haciendo gala de su hablar campechano y desenfadado, muy borbónico por otra parte, siempre decía: «prefiero que me llamen maricón, antes que pretendiente».

A partir de 1941, en plena Segunda Guerra Mundial, con Francisco Franco establecido como caudillo de España y viendo que su propia restauración iba para largo, Juan de Borbón comenzó su larga carrera de intentos restauradores, utilizando tras cada fracaso diferentes estrategias como modo de verse rey algún día, ora reivindicando una monarquía liberal, ora acercándose al régimen franquista e incluso al carlismo. A finales de ese mismo año, él y su familia abandonaron definitivamente Italia para establecerse en la ciudad suiza de Lausanne. En este «periodo suizo» Juan va a experimentar la estrategia de confrontación con Franco, apoyándose cada vez más en los aliados contra el eje formado por Alemania, Italia y Japón. Es entonces cuando en sus escritos comienza a difundir la idea de que pretendía una «reconciliación entre los españoles», sugiriendo discretamente la posibilidad de un cambio de régimen en España, liderado naturalmente por su persona. Pero aquí, una vez más, Franco le ganó la partida, protagonizando su «giro atlántico» al recibir en 1942 al nuevo embajador estadounidense Carlton Hayes. El final de la Segunda Guerra Mundial y el inicio del enfrentamiento entre bloques que se hace visible tras la conferencia de Yalta (11 de febrero de 1945) harán que el mundo occidental vea el régimen de Franco como un garante frente al comunismo en el oeste de Europa, perjudicando de este modo las opciones de Juan de Borbón como «restaurador de una monarquía liberal». El enfrentamiento con el dictador alcanzó su punto culminante cuando el heredero de la dinastía de Borbón hace publicar el 19 de marzo de 1945 el llamado Manifiesto de Laussane, redactado probablemente por los monárquicos españoles Eugenio Vegas Latapié (preceptor de su hijo Juan Carlos) y Julio López-Oliván, en el que se esbozaba todo un programa alternativo al franquismo desde una óptica constitucional, con párrafos tan determinantes como el que sigue:

> Bajo la monarquía —reconciliadora, justiciera y tolerante— caben cuantas reformas demande el

interés de la nación. Primordiales tareas serán: aprobación inmediata, por votación popular, de una Constitución política; reconocimiento de todos los derechos inherentes a la persona humana y garantía de las libertades políticas correspondientes; establecimiento de una asamblea legislativa elegida por la nación; reconocimiento de la diversidad regional; amplia amnistía política; una más justa distribución de la riqueza y la supresión de injustos contrastes sociales contra los cuáles no solo claman los preceptos del cristianismo, sino que están en flagrante y peligrosísima contradicción con los signos político-económicos de nuestro tiempo.

Todo un aldabonazo en la puerta de Franco que, no obstante y como cabía suponer conociendo la proverbial impasibilidad del dictador, ni se inmutó ante el desafío. Eso sí, en el fuero interno de Franco, el asunto «don Juan» —pues así es como era conocido y denominado por casi todo el mundo el padre de Juan Carlos I— quedó catalogado desde aquel mismo momento como una causa definitivamente perdida.

ESTORIL. LA VISTA PUESTA EN ESPAÑA

Parece que por insistencia de algunos de sus consejeros, como el líder de la derecha durante la II República José María Gil-Robles, que le sugerían atender a sus tareas de pretendiente desde una mayor cercanía a España, Juan de Borbón decidió trasladar su residencia a la Villa Giralda del municipio costero de Estoril, en las cercanías de Lisboa, pasando antes por alguna que otra mansión alquilada. Villa Giralda, situada en el selecto barrio de Monte Estoril, era una amplia y confortable vivienda que había sido antes el pabellón del club de golf local. La familia de Juan inició el viaje desde Laussane, vía Londres, el 1 de febrero de 1946. Y a fe que don Juan se aplicó en la tarea de postular su restauración con redoblados esfuerzos, publicando el 28 de febrero de aquel mismo año el documento conocido como Bases de Estoril, inspirado, con toda probabilidad por el propio Gil-Robles, aunque con el concurso, y esto bien que se nota, de destacados miembros del pensamiento carlista, como Tomás Domínguez Arévalo, conde de Rodezno. El resultado fue una propuesta de restauración monárquica para España ya nada liberal —en su base octava se afirma nada menos que: «La función de hacer las leyes corresponde al rey, con la necesaria colaboración de las Cortes»—, más cercana a un régimen de carta otorgada, como el Estatuto Real de 1834, donde la soberanía seguía residiendo en el rey, que a una monarquía moderna y constitucional. Las bases, plagadas de arcaísmos fueristas y entregadas a la soberanía compartida, suponen, por tanto, un excelente ejemplo de los extraordinarios bandazos políticos propios de la opción «juanista».

En el ínterin, Franco seguía a la suya. Tan solo un año después de contemplar con absoluta indiferencia la publicación de las Bases de Estoril, preparaba para su aprobación en las Cortes la ley de Sucesión a la Jefatura del Estado, mediante la que el dictador señalaba los términos de su propia sucesión: en la «persona que se estime» y «a título de rey o regente». Esto es, Franco aclaraba definitivamente que pretendía perpetuarse en el poder manteniendo a España bajo los principios del Movimiento Nacional y, llegado el momento, nombrar como sucesor a quien le viniese en gana. No habría pues restauración, sino y, en todo caso, instauración de una nueva monarquía diseñada bajo los principios del régimen. Esta iniciativa del dictador motivó el último de los grandes manifiestos salidos del gabinete de Juan de Borbón, de fecha 7 de abril de 1947, en el que se rei-

Villa Giralda, el retiro dorado de la familia de Juan de Borbón en la selecta barriada de Monte Estoril, donde compartían destino con otras muchas antiguas testas coronadas europeas, como el rey Carol II de Rumanía y su esposa, la tenida por familia real de Francia, la de Bulgaria o la de Italia. Villa Giralda sería su residencia definitiva, antes ocupó otras como Villa Papoila y Bel Ver, en las cercanías de aquella.

vindicaba, nuevamente, el papel histórico de la «monarquía tradicional» usurpada por el dictador, tal como se evidencia en sus primeros párrafos:

> Españoles:
> El general Franco ha anunciado públicamente su propósito de presentar a las llamadas Cortes un proyecto de ley de Sucesión a la Jefatura del Estado, por el cual España queda constituida en reino, y se prevé un sistema por completo opuesto al de las leyes que históricamente han regulado la sucesión a la Corona.
> En momentos tan críticos para la estabilidad política de la patria, no puedo dejar de dirigirme a vosotros, como legítimo representante

que soy de vuestra monarquía, para fijar mi actitud ante tan grave intento.

Los principios que rigen la sucesión de la Corona, y que son uno de los elementos básicos de la legalidad en que la monarquía tradicional se asienta, no pueden ser modificados sin la actuación conjunta del rey y de la nación legítimamente representada en Cortes. Lo que ahora se quiere hacer carece de ambos concursos esenciales, pues ni el titular de la Corona interviene ni puede decirse que encarne la voluntad de la nación el organismo que, con el nombre de Cortes, no pasa de ser una mera creación gubernativa. La ley de Sucesión que naciera en condiciones tales adolecería de un vicio sustancial de nulidad.

Franco consideró aún más graves que el manifiesto en sí las declaraciones que realizó Juan al diario londinense *The Observer*, reproducidas el 13 de abril en el *The New York Times* y radiadas también por la BBC. Allí, el jefe de la casa regia de la dinastía Borbón se reafirmaba en el manifiesto y reclamaba, nada menos, que la intervención de las potencias extranjeras contra Franco, ofreciendo el reconocimiento a los sindicatos Unión General de Trabajadores (UGT) y Confederación Nacional del Trabajo (CNT), de tendencia socialista y anarquista, respectivamente. Añadía además que impondría la separación administrativa de la Iglesia y el Estado, declararía una amnistía política total y, de paso, notificaba al público en general que se alegraba de no haber combatido en el bando nacional durante la Guerra Civil. La respuesta que publicó el diario franquista *Arriba* el 15 de abril, da buena cuenta de cómo sentaron aquellas palabras en Madrid:

> Desde la traición del condestable de Borbón a esta conspiración contra la patria de un heredero de su estirpe, pocas veces las flores de lis se han mustiado tanto.

Sorpresivamente, o tal vez no tanto, y poniendo en valor el término *«borbonear»* aplicado a su real casa, don Juan inició un inesperado acercamiento a Franco tan solo un año después de la publicación de las encendidas declaraciones que venimos de reseñar. La fecha clave para este enésimo cambio de rumbo fue la entrevista que ambas personalidades mantuvieron a bordo del yate *Azor* el 25 de agosto de 1948. Independientemente del espíritu de conservación y las ansias de permanencia del Borbón, la historiografía, basada en las numerosas memorias publicadas por unos y otros en torno al encuentro, señalan como principal inductor de la entrevista a Julio Danvila Rivera, principal valedor ante el hijo de Alfonso XIII de la vía de entendimiento con Francisco Franco. Todavía en junio de aquel mismo año, el general le había confesado a Danvila: «Convénzase usted, Danvila, que no hay nada que hacer pues lo de Estoril está perdido». Pero, ante la consternación mostrada por Gil-Robles, absolutamente opuesto a aquellos movimientos, Julio Danvila perseveró en su afán hasta lograr que el yate *Saltillo*, que transportaba a Juan, proveniente de una regata en Inglaterra, y el *Azor* de Franco se amurasen a cinco millas de San Sebastián aquel agosto de 1948. Tras un almuerzo calificado como «distendido» por el propio Danvila, los dos personajes mantuvieron una conversación privada durante tres largas horas, en la que se limaron antiguos desencuentros y se concretó, y esto es lo fundamental, que la educación de «don Juanito» o sea Juan Carlos de Borbón, hijo mayor de don Juan, tendría lugar en España. Con esto, el pretendiente hacía un verdadero ejercicio de realismo, puesto que, visto que no se podía

Célebre instantánea del encuentro entre Franco
y don Juan a bordo del yate Azor en el verano de 1948.
Frente a lo que muchos hubieran sospechado,
la entrevista fue larga y muy cordial.
Allí se tomaron decisiones de
gran trascendencia para el futuro de Juan Carlos.

con Franco, al menos trataría de jugar la baza de Juan Carlos. Como él mismo aseguró a su consejero político Pedro Sainz Rodríguez en 1979: «Lo había visto en mis colegas… El pretendiente que no ha estado en el país, no moja». Allí se pactó que Juan Carlos estudiase el bachillerato, aunque tanto Gil-Robles como el mismo don Juan hubiesen querido sustraer al príncipe de la influencia de Franco, enviándole a cursar sus estudios superiores al extranjero, en concreto en la universidad belga de Lovaina, pero el dictador nunca accedió a ello, disponiendo para Juan Carlos la educación más bien cuartelera que al final se le dispensó.

A partir de estos acontecimientos, y aunque don Juan continuó postulando su propia restauración con el nulo éxito de siempre, cada vez se hacía más evidente la opción instauradora bajo los principios del Movimiento en la persona de Juan Carlos. El propio Juan de Borbón achacaba a destacados miembros del Opus Dei —la prelatura religiosa fundada por monseñor José María Escrivá de Balaguer, de enorme predicamento y extensión en el mundo político y económico del momento— el progreso de esta solución en el ánimo de Franco. En sus confesiones a Sainz Rodríguez cita con mucha claridad los nombres de aquellos ministros «tecnócratas» partidarios de la sucesión en la persona de Juan Carlos: Laureano López Rodó, Gregorio López Bravo y, por supuesto, el almirante Luis Carrero Blanco, principal hombre de confianza del dictador. De este modo, se puede afirmar que a mediados de la década de 1950 se hace evidente la definitiva marginación del pretendiente. Aun así, fueron para él años de vida regalada en la espectacular Villa Giralda —contaba con cincuenta y una habitaciones y tres mil metros cuadrados de jardín—, mucho deporte náutico, mucho golf, mucho *Dry* Martini y grandes noches de casino en buena compañía. Por los clubs selectos de la costa lisboeta resonaban sus estentóreas carcajadas de Bor-

Cuando Franco y don Juan volvieron a encontrarse con
ocasión del bautizo de la infanta Elena, primogénita de
Juan Carlos y Sofía, en 1963 (momento que recoge
esta foto), sus relaciones se habían vuelto extremadamente
tensas. El dictador terminó prohibiéndole a
Juan de Borbón el regreso a España.

bón afable y campechano, mal hablado y excesivo. Hasta su cuerpo de marinero tatuado hablaba bien a las claras del carácter de *bon vivant* de aquel «caballero audaz», como lo definían sus panegiristas.

Estando así las cosas, en 1957 Juan de Borbón proporcionó a su ya espesa biografía una nueva vuelta de tuerca al reconocer a Franco por carta que «jamás ha pasado por mi cabeza la idea de abrir un periodo constituyente ni de discontinuidad entre lo actual y la monarquía». Por si esto no fuese suficiente, y abundado en su eterna inconsecuencia, en diciembre de ese mismo año decidió escenificar en Estoril un «acto de reconciliación con el carlismo».

En la década siguiente, don Juan continuó advirtiendo en diferentes cartas destinadas a su hijo que no aceptase propuestas que pudiesen alterar el «natural orden sucesorio». Pero Juan Carlos ya estaba en otras cosas, rodeado de los «hombres del caudillo», el almirante Luis Carrero Blanco, Manuel Fraga, López Rodó… todos partidarios del salto generacional. Un informe del influyente Carrero Blanco a Franco, fechado el 21 de octubre de 1968, no dejaba ya sombra de duda, descartando la opción de Juan de Borbón «por poseer el tremendo inconveniente de ser alérgico al Movimiento Nacional». Significativamente, Franco le respondió en aquella ocasión: «Conforme con todo». La frustración final se produjo el 15 de julio de 1969, cuando el embajador de España en Portugal, José Antonio Giménez-Arnau, entregó en mano a don Juan la carta de Franco en la que se señalaba como heredero dinástico a Juan Carlos de Borbón. Allí mismo el dictador dio buena cuenta de cuál había sido desde siempre su plan político para su propia sucesión y la perpetuación de su régimen:

> Yo desearía comprendiérais no se trata de una restauración, sino de la instauración de la

> monarquía como coronación del proceso político del régimen, que exige la identificación más completa con el mismo, concentrado en unas leyes fundamentales refrendadas por toda la nación.
>
> En este orden la presencia y preparación del príncipe D. Juan Carlos durante veinte años y sus muchas virtudes le hacen apto para esta designación.

Remataba Franco deseándole a don Juan, en alusión al previsible enfado de este con su hijo Juan Carlos, que aquella decisión no «alterase sus lazos familiares [...], ya que nuestras diferencias constituyen un imperativo de servicio a la patria por encima de las personas». Naturalmente, le alteró y gravemente. Juan de Borbón consideró la decisión de Franco una «cabronada» y un verdadero «trágala», aun así, procedió a desmantelar su consejería privada. Lo que no quita que mantuviese muchos años de verdadera tensión con su hijo, tras aceptar este la propuesta de Franco.

En las postrimerías del régimen franquista, se llegó a hablar de la especie «don Juan, rey de los rojos», por aparecer algunas propuestas de la izquierda para nombrarle cabeza de un proceso de convergencia de organizaciones opuestas a la sucesión de Juan Carlos surgida del franquismo. Es cierto que, por entonces, las fuerzas antifranquistas convocaron una reunión general de opositores al régimen dictatorial perteneciente a un amplísimo espectro político: monárquicos liberales, demócristianos, socialistas, socialdemócratas, nacionalistas vascos y catalanes…, celebrada en junio de 1962 bajo la presidencia del polígrafo y diplomático Salvador de Madariaga. Convocatoria célebre, calificada por Franco como «el contubernio de Munich». Que de aquello surgiera una monarquía democrática encabezada por Juan de Borbón era mucho suponer, excepto

para algunas mentes de razonamiento tendente a lo ob-
tuso y a lo estrafalario, como el notario Antonio García Trevijano, amigo personal del eterno pretendiente y
compañero de farras juveniles de su hijo Juan Carlos.
En puridad, don Juan siempre negó cualquier vincula-
ción con aquella reunión y se mantuvo ausente de la
política desde la proclamación de Juan Carlos como sucesor de Franco, hasta su pública renuncia a sus derechos dinásticos en el transcurso de una breve
ceremonia celebrada en el madrileño palacio de La Zarzuela el 14 de mayo de 1977. Ya reconciliado con su
hijo, tras sus públicas desavenencias en torno a la sucesión, falleció a causa de un cáncer el 1 de abril de
1993. Juan Carlos I estableció que sus restos reposaran
con honores de rey en el monasterio de San Lorenzo de
El Escorial.

JUAN CARLOS, DE «DON JUANITO» A ASPIRANTE A LA CORONA DE ESPAÑA

Debemos retomar nuestra historia hasta un 5 de
enero de 1938 cuando Juan Carlos Alfonso Víctor
María de Borbón y Borbón-Dos Sicilias nace en Roma,
en el confortable piso que sus padres, Juan de Borbón
y María de las Mercedes de Borbón y Orleans, habita-
ban en el número 122 del Viale dei Parioli. Tenía poco
más de un mes cuando fue bautizado en la recoleta
iglesia romana de la Santísima Trinidad de los españoles, por mano del cardenal Pacelli, futuro papa Pío XII.
De entre los escasos asistentes al acto, pocos, por no
decir ninguno, podían entonces sospechar siquiera que
aquel niño llagaría a reinar en España. Pero como el
mismo Juan Carlos I suele asegurar a sus íntimos,
aquel infante «siempre tendría suerte». El trono le vino
casi sobrevenido, como producto de las mismas circunstancias, justamente al contrario de lo que le suce-

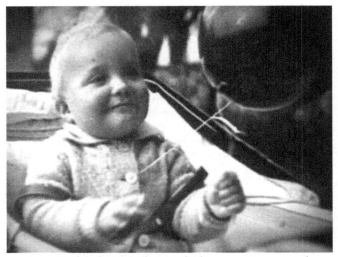

Juan Carlos de niño, fotografiado en su Roma natal, durante los apacibles tiempos en los que su familia habitó en el número 122 del Viale dei Parioli.

dería a su padre, convertido en un verdadero trapecista de la política en su ansia de reinar, sin lograrlo jamás.

Ya hemos relatado aquí cómo los primeros años de Juan Carlos, «don Juanito» como se le conocía en los círculos monárquicos, transcurrieron en la Italia mussoliniana, hasta que a comienzos de 1942 la familia de Juan de Borbón se trasladó a Laussane a fin de preservar la buscada «neutralidad» de sus filias políticas. Allí se establecieron en la villa llamada Les Rocailles, muy cerca de la residencia de Victoria Eugenia de Battenberg, la amada abuela de Juan Carlos. En Suiza, «don Juanito» ingresó en el severo internado de los marianistas de Friburgo, donde habría de permanecer por voluntad de su padre, aun tras el traslado del resto de la familia a Estoril. La única distracción permitida al infante era acudir a pasar los fines de semana a casa de su abuela Victoria Eugenia. A finales de 1947 se le asignó además, como preceptor, a Eugenio Vegas Latapié, antiguo secretario político de su padre y uno de los principales autores del Manifiesto de Laussane. Juan Carlos acudía a Estoril solo durante los periodos vacacionales, a veces únicamente cuatro semanas en verano ya que, al contrario de lo que le ocurría a su hermano menor, Alfonso, conocido por todos como «el Senequita», por sus evidentes capacidades intelectuales, no era un gran estudiante y a menudo debía recuperar asignaturas en septiembre. Pero toda aquella rutina se vería radicalmente alterada tras la entrevista celebrada entre don Juan y el dictador Francisco Franco a bordo del yate *Azor* en el verano de 1948. Ya hemos visto cómo el padre de Juan Carlos dudó allí entre mantener su orgullo de pretendiente o ceder ante Franco por bien de la dinastía, concediéndole que el mayor de sus hijos varones se educase en España. Como confesó, dolido, el propio Juan de Borbón a José María Pemán: «Franco me ha hecho una seña, como a una perrita doméstica, me ha pedido el niño y se lo he dado...». Así, Juan Carlos, con diez años de edad, abandonó Lisboa el 8 de noviembre de 1948 a bordo del *Lusitania Express*. Para evitar una llegada a España excesivamente popular, Franco determinó que se le recibiese en la estación de Villaverde, al sur del municipio de Madrid. El comité de recepción estaba presidido por el principal inspirador de la entrevista del *Azor*, Julio Danvila, amén de algunos aristócratas de respeto como Francisco de Carvajal, conde de Fontanar, y José María Oriol, marqués de Casa Oriol. El primer acto del infante Juan Carlos en España fue una ofrenda al monumento al Sagrado Corazón de Jesús en el cerro de Los Ángeles, situado a unos diez kilómetros de Madrid (muy cerca de la estación en la que había arribado el Borbón), símbolo de la España católica, que todavía permanecía en ruinas tras los sucesos de la Guerra Civil. De este modo, el primer contacto de Juan Carlos con la España de la que tanto le había hablado su padre fue comprobar con sus propios ojos la adusta seriedad del país que Franco gobernaba como si de su cortijo privado se tratase. Un entorno bien distinto a sus vivencias del dorado exilio en Estoril.

Don Juan y Franco habían previsto un régimen de estudios especial para Juan Carlos, no acudiría a un colegio o instituto, sino a un centro especial creado para él en la finca Las Jarillas, situada en las cercanías de Colmenar Viejo, a una veintena de kilómetros de Madrid. La finca era propiedad del aristócrata Alfonso de Urquijo, amigo personal de don Juan. Junto al infante estudiaría una cuidada selección de muchachos de su edad: Jaime de Carvajal, hijo del conde de Fontanar; Alonso Álvarez de Toledo; Fernando Falcó, futuro marqués de Cubas; y su querido primo, Carlos de Borbón y Borbón, luego duque de Calabria e infante de España. Junto a estos vástagos de la aristocracia, acudirían a Las Jarillas hijos de la burguesía adinerada como Alfredo Gómez Torres o Juan José Macaya. Eran alumnos considerados «libres» y dependientes del Instituto San Isidro de Madrid. También sus profesores fueron elegidos con todo cuidado: impartiéndole clases José Garrido, hombre de total confianza de don Juan, o el sacerdote Ignacio de Zulueta.

En una de los clásicos arrepentimientos que caracterizaban a Juan de Borbón, este decidió un buen día que Juan Carlos debería regresar a estudiar a Portugal. No obstante, en cuanto tuvo conocimiento de que su hermano Jaime de Borbón pretendía dar marcha atrás en su renuncia a la sucesión de Alfonso XIII, tratando de poner en valor las opciones a la sucesión de Franco de su hijo Alfonso, Don Juan recapacitó, decidiendo que Juan Carlos, esta vez acompañado por su hermano menor Alfonso, continuase estudiando en España a fin de mantener las

«Don Juanito», como se conocía al infante bajo el manto
del régimen franquista, jugando una partida de ajedrez con
uno de los profesores encargados de su educación
en España, el sacerdote Ignacio de Zulueta.

opciones al trono de su familia. En esta ocasión, cuando corría ya el año 1950, ambos hermanos serían enviados a estudiar en el donostiarra palacio de Miramar, una antigua propiedad borbónica vuelta a manos del Estado que Juan de Borbón tenía interés en recuperar. Los niños permanecerían allí cuatro cursos con profesores de confianza como Aurora Gómez Delgado o Ángel López Amo, supervisados por catedráticos madrileños.

Ya hemos reseñado aquí cómo tras el bachillerato de Juan Carlos, librado con notas tan solo mediocres, su padre hubiese deseado que acudiese a realizar sus estudios superiores a una universidad extranjera, preferiblemente Lovaina; pero Franco impuso una vez más su opinión y el infante ingresó en la Academia Militar de Zaragoza para iniciar el ciclo de su formación castrense, que también preveía su paso por la Academia de la Armada en Marín (Pontevedra) y del Aire en San Javier (Murcia). Escribía por entonces el catedrático de enseñanza media e historiador Jesús Pabón, conocido adalid de la causa monárquica, que el joven Juan Carlos le parecía un muchacho «dotado de una modestia auténtica y a la vez un vivo amor propio». En general, Juan Carlos era considerado como un «buen chico», bastante tímido y poco brillante en los estudios, exceptuada la educación física. En contraste, su hermano Alfonso, que en aquella época, con catorce años, estudiaba en el colegio de Santa María de los Rosales en Madrid, se mostraba como un chico inteligente y despierto, el preferido de su padre, que, siguiendo los pasos de Juan de Borbón, aspiraba a convertirse en marino.

Y fue durante las vacaciones de Semana Santa de 1956, que los hermanos celebraban junto a sus padres en Estoril, cuando la peor de las tragedias se presentó ante ellos. El 29 de marzo, Jueves Santo, Alfonso se había clasificado para jugar la final del torneo de golf de Estoril y su padre no cabía en sí de gozo. Por la tarde, mientras la familia descansaba en la planta baja de Villa

Giralda y ambos hermanos jugaban solos en el piso de arriba, escucharon una detonación; alarmados, sus padres subieron a trompicones las escaleras para encontrar al infante Alfonso muerto en el suelo con un disparo en la cabeza, mientras Juan Carlos contemplaba consternado la escena. Se dice que don Juan hizo jurar allí mismo a Juan Carlos, ante la bandera de España con la que él mismo cubrió el cadáver de Alfonso, que no había hecho aquello a propósito. Al parecer, los hermanos estaban manipulando una pistola automática Long Star del calibre veintidós, según se contaba regalo del propio Franco a Juan Carlos con motivo de su ingreso en la Academia de Zaragoza, cuando esta se disparó accidentalmente, hiriendo mortalmente al infante Alfonso, que falleció en el acto. Tiempo después, el infante Jaime de Borbón, hermano de don Juan, arrimando el ascua a su sardina sucesoria, solicitaría una investigación formal de los hechos, autopsia incluida, pues consideraba que su hermano había querido silenciar en todo lo posible aquel luctuoso suceso. Tal investigación nunca tuvo lugar. Sí se sabe que por un tiempo don Juan no pudo soportar la presencia junto a él de Juan Carlos, al que despachó para Madrid el sábado siguiente, justo después del entierro. Si existe un asunto del que Juan Carlos I detesta escuchar el más mínimo comentario es este. La desolación que sintió el joven Juan Carlos le condujo incluso a plantearse la renuncia a sus derechos y el ingreso en una orden religiosa de gran rigor, como los cartujos. Pero aquello fue pasando, aunque el dolor permaneció perenne en el ánimo de la familia. Su madre, María de las Mercedes, hubo de ingresar en una clínica alemana para tratar de recuperarse de una profundísima depresión.

Mientras tanto, la historia seguía su curso. En julio de 1957 Juan Carlos recibió su despacho como alférez en la Academia Militar de Zaragoza, para ingresar en septiembre en la Academia Naval de Marín. Por entonces era ya habitual verlo en actos públicos acompañando a Franco, ya fuese cumplimentando al Consejo de Ministros o llevando a cabo una visita a una fábrica. Juan Carlos no lo decía, pero comenzaba a verse bastante claro que Franco y, especialmente, el entorno de sus ministros pertenecientes al Opus Dei, estaba trazando las líneas maestras de la sucesión del régimen. Fue lo que se dio en llamar la «Operación Lolita», luego rebautizada con el nombre más serio de «Operación príncipe», por la que los tecnócratas pertenecientes al Opus y al grupo «Tácito» postulaban la figura de Juan Carlos como sucesor del dictador. Nombres muy singulares aparecen en este momento como postulantes de la opción «juancarlista», como Carrero Blanco, López Rodó o Torcuato Fernández-Miranda. Un momento significativo fue la presencia de Juan Carlos en el desfile de la Victoria de 1959, aclamado por unos y denostado, públicamente y hasta con alboroto, por los sectores más involucionistas del viejo movimiento, del carlismo y del falangismo, que solían gritar: «No queremos que nos gobiernen más reyes idiotas». De nada les valdría, ya que hacía tiempo que el ánimo de Franco caminaba siempre en la misma dirección. En este sentido, un paso decisivo hacia el nombramiento de Juan Carlos como sucesor del dictador fue que se le señalase, a comienzos de 1962, como residencia oficial el palacio de La Zarzuela, hasta entonces un simple pabellón de caza borbónico situado en los montes de El Pardo, a escasa distancia de la capital (y hoy integrado en el municipio de Madrid).

Aunque pueda parecer sorprendente, Juan Carlos permanecía bastante ajeno a todo aquello, y se solía decir que en Madrid todavía se le trataba como a un niño. Por aquella época, las urgencias dinásticas sugerían otras prioridades, por ejemplo, encontrar esposa al heredero. La primera candidata conocida fue la princesa María Gabriela de Saboya, nieta del ex rey de Italia Víctor Manuel III. De hecho, María Gabriela y Juan

Carlos se conocían desde niños y tanto Humberto de Saboya —padre de la novia y una de las muchas antiguas testas coronadas que poblaban Monte Estoril—, como don Juan contemplaban con buenos ojos la relación. No obstante esta no fructificó; las razones exactas para ello se desconocen, aunque se sabía que Franco prefería que el príncipe emparentase con una familia reinante, no con simples exiliados, amén de los múltiples devaneos amorosos de Juan Carlos, como el sonado y tórrido *affaire* que vivió con la condesa italiana Olghina de Robiland, que, naturalmente, no gustaban nada a su novia. Sea como fuere, la opción italiana parecía descartada ya en 1959. En su lugar apareció la candidatura de Sofía de Grecia.

Juan Carlos ya conocía a Sofía desde 1954 al haber participado en uno de los célebres cruceros que, para promoción turística de Grecia y como oportunidad de que los vástagos reales de las casas europeas trabaran conocimiento, organizaba la reina Federica de Grecia, madre de Sofía, a bordo del *Agamenón*, barco propiedad del armador griego Eugen Eugenides. Pero en aquella ocasión no llegaron a intimar, pues en aquel barco viajaba también María Gabriela de Saboya. Con posterioridad, la que sería real pareja se encontró alguna que otra vez con ocasión de bodas aristocráticas. Pero parece ser que Juan Carlos no se fijó de verdad en Sofía hasta que acudió como visitante a los Juegos Olímpicos de Roma, en agosto de 1960. A su regreso, confesó a su padre que se había hecho novio de la princesa griega. Juan de Borbón, cuyas relaciones con su hijo estaban en ese momento muy tensas debido al evidente entendimiento de Juan Carlos con el franquismo, se alegró sinceramente. No así Franco, para quien el padre de Sofía, el rey Pablo I de Grecia, era un «masonazo», si bien para el general un «masonazo» era casi todo el mundo. Otro impedimento que observaba el dictador era el hecho de que la familia real griega profesase el cristianismo ortodoxo, algo muy difícil de tragar para Franco. Con todo, las negociaciones conducentes a celebrar la boda continuaron progresando, solucionándose ante la Santa Sede la cuestión de la conversión de Sofía al catolicismo, en el fondo una pura formalidad. Con todo, fue don Juan, sin consultar a Franco, quien se encargó de publicar el compromiso el 13 de septiembre de 1960 en Vielle Fontaine, la casa de su madre Victoria Eugenia de Battenberg. Fijada la dote por el Parlamento griego en veinte millones de las pesetas de entonces, Juan Carlos de Borbón y Sofía de Grecia se casaron en Atenas el 14 de mayo de 1962. Franco no acudió, pero consintió en enviar en su representación al embajador en Grecia, Juan Ignacio Luca de Tena. El que sí asistió a la boda fue el general Alfonso Armada, que ya por entonces se había convertido en la sombra del príncipe, ocupando el cargo de secretario de su casa. Tras un largo periplo por medio mundo, «visitando a amigos» como el multimillonario armador griego Stavros Niarchos, Franco, el papa Juan XXIII, Gracia y Rainiero de Mónaco, Hussein de Jordania, J. F. Kennedy o el emperador Hiro Hito de Japón, pues argumentaban no tener suficiente dinero para viajar constantemente de hotel, la real pareja vivió también una temporada en Estoril, antes de trasladarse definitivamente al madrileño palacio de La Zarzuela. Circunstancia a la que Juan de Borbón ya no estaba en condiciones de oponerse, aunque bien que hubiese querido, viendo como cada día se le escurría de las manos la posibilidad de reinar en España. Ya instalado en la que sería su residencia definitiva, Juan Carlos dispuso su oficina institucional, basada en dos personalidades clave, Nicolás Cotoner, marqués de Mondéjar, como jefe de su casa, y Alfonso Armada como su secretario. Ambos franquistas convencidos, pero también, y a la vez, monárquicos.

Fue en esta nueva etapa cuando Juan Carlos y Sofía aseguraron su propia sucesión con el nacimiento

Juan Carlos de Borbón y Sofía de Grecia se casaron en Atenas el 14 de mayo de 1962. Dada las religiones de los contrayentes, hubieron de hacerlo por los ritos ortodoxo (en la imagen) y católico.

de sus hijos: la infanta Elena, venida al mundo el 20 de diciembre de 1963 (hoy duquesa de Lugo), la infanta Cristina, nacida el 13 de junio de 1965 (duquesa de Palma de Mallorca), y el príncipe de Asturias desde 1977, Felipe de Borbón, nacido el 30 de enero de 1968. Pero hicieron mucho más que eso, siempre se ha hablado, casi tópicamente, del papel de Sofía de Grecia como un elemento de permanente estabilidad en el devenir de la monarquía española. El lugar común ha sido definirla como «una gran profesional», palabras atribuidas, además, al propio Juan Carlos. Con la perspectiva que proporciona el tiempo, bien se puede afirmar que ha sido una acertada descripción, pues doña Sofía ha transmitido siempre imágenes muy positivas de la Corona, que tienen que ver con la discreción, la estabilidad y el desarrollo de múltiples acciones solidarias. En este sentido, el éxito de Juan Carlos debe mucho al éxito personal de su esposa.

Es bien conocida la afición del rey Juan Carlos I por el deporte de la vela. En la imagen, es felicitado por la reina Sofía tras haber vencido en una regata de balandros en 1971. De la mano de la reina, el infante Felipe de Borbón.

La esperada llamada de Franco citando al príncipe para notificarle su nombramiento como heredero del Estado sucedió por fin el 12 de julio de 1969. Juan Carlos, aun conociendo la radical oposición de su padre a verse puenteado, aceptó de inmediato. El principal argumento que pensaba utilizar frente a la ira de don Juan era que, de no aceptar, Franco nombraría inmediatamente a su primo Alfonso de Borbón Dampierre, hijo del infante Jaime de Borbón y, a partir de 1972, esposo de la hija mayor del dictador. Pero a don Juan no le valía ningún argumento; como ya hemos relatado, montó en cólera ante aquella «cabronada» e inició una serie de cartas privadas y comunicados públicos encomendados a sus amigos: Antonio García Trevijano, José María de Areilza y Pedro Sainz Rodríguez, en los que se mostraba absolutamente ajeno a aquella decisión, como hacía constar en el más conocido de ellos, ofrecido a los medios de comunicación.

> Para llevar a cabo esta operación no se ha contado conmigo ni con la voluntad libremente manifestada del pueblo español. Soy, pues, un espectador de las decisiones que se hayan de tomar en la materia y ninguna responsabilidad me cabe en esta instauración.

Una vez más, de poco le sirvió la pataleta. Juan Carlos, ya «príncipe de España», juró el 23 de julio de 1969 ante las Cortes los sostenes legales del aparato franquista, esto es: los principios del Movimiento Nacional y las leyes Fundamentales del Estado, siendo proclamado a continuación sucesor del general Franco a título de rey. «Mi pulso no temblará para hacer cuanto fuera preciso en defensa de los principios y leyes que acabo de jurar», dejó dicho en aquella singular ocasión.

Camino del trono

Aun a pesar de la relativa tranquilidad que suponía para Juan Carlos verse proclamado por la ley de Sucesión, consolidando así su posición de heredero de Franco, lo cierto es que el periodo comprendido entre 1970 y 1975 fue bastante incierto. En primer lugar porque, coincidiendo con la decadencia física del dictador, el régimen franquista, en vez de tratar de adaptarse a los nuevos tiempos, pareció encastillarse, cerrarse en sí mismo. El mismo nombramiento en 1973 del almirante Carrero Blanco como presidente del Gobierno parecía apuntar muy claramente en esa dirección continuista. Muchos viejos falangistas conocían al príncipe por el apelativo de «Juan Carlos el Breve», apelativo que en realidad, y casi paradójicamente, fue ideado por el comunista Santiago Carrillo, prometiéndose que no duraría mucho en el cargo tras la inevitable muerte del dictador. Obviamente, Juan Carlos, a pesar de comportarse muy discretamente, distaba mucho de suscribir tales posturas. Ya en febrero de 1970 había realizado unas significativas declaraciones al periodista Richard Eder del *The New York Times* en las que aseguraba que «en España algún día habría alguna forma de democracia». Al año siguiente, durante una visita al presidente de Estados Unidos, Richard Nixon, afirmó estar convencido de que el pueblo español «quería más libertad». A su regreso a España, fue a esperarle junto a la escalerilla de su avión el ministro de Asuntos Exteriores, López Bravo, que lo condujo directamente a El Pardo a ver a Franco. Sorpresivamente o puede que no tanto, el general no le reprendió, limitándose simplemente a pedirle discreción en sus declaraciones, significándole además que había cosas que se podían decir fuera de España pero no dentro de ella. Este comportamiento casa muy bien con la idea que algunos historiadores mantienen, según la cual Franco era muy consciente de que su pro-

Juan Carlos, como príncipe de España, presidiendo un acto institucional junto a Francisco Franco en 1975, muy cerca ya del final del dictador. Pocos meses después comenzaría la Transición política del país.

pio régimen no le sobreviviría, y, en este sentido, se mostraba mucho más realista que los propios franquistas de ulltraderecha, como Blas Piñar o Girón de Velasco. De hecho, la idea de que el asesinato de Carrero Blanco en diciembre de 1973 resultó ser una manera de allanar el camino hacia la transición democrática aparece ahora como un discurso manido y meramente verbal. El almirante era ya un septuagenario dispuesto, sobre todo, a jubilarse. Es, al menos, dudoso que hubiese podido oponerse a las primeras medidas conducentes a la Transición política iniciadas por Adolfo Suárez y el propio rey a partir de la muerte de Franco.

En el ínterin, Juan Carlos aprovechó los nuevos tiempos para hacer las definitivas paces con su padre. Esperando ambos desde entonces a que se fuese aclarando el panorama cara a la efectiva instauración de la monarquía. Si bien desde posturas muy diferentes, mientras don Juan podía seguir defendiendo su apuesta de los últimos tiempos por una monarquía liberal y democrática, Juan Carlos se veía obligado a permanecer obediente a aquel régimen que periclitaba. El 19 de julio de 1974, cuando la primera enfermedad grave de Franco, Juan Carlos hubo de asumir la Jefatura del Estado, presidiendo un Consejo de Ministros que apenas le tenía en cuenta. De hecho, el 2 de septiembre, en cuanto el dictador se restableció, se vio de nuevo relegado al limbo que habitaba sin mayor explicación.

El 30 de octubre del año siguiente, Franco volvió a ser ingresado en estado ya muy grave. Desde ese momento y hasta la muerte del dictador el 20 de noviembre, Juan Carlos ostentaría ya la Jefatura del Estado, con el oscuro Carlos Arias Navarro como presidente del Gobierno. Desde luego, Juan Carlos no podía apoyarse en Arias, con el que nunca consiguió llevarse bien. Su principal sostén seguía siendo su antiguo profesor de Derecho Político, también presidente del Gobierno, por muy breve tiempo y en sustitución del asesinado almirante Carrero Blanco: Torcuato Fernández-Miranda. Tanto el rey como Fernández-Miranda caminaban por parecidos derroteros políticos, pensando en términos de reconciliación nacional y en «caras nuevas».

REY DE ESPAÑA

Juan Carlos I fue proclamado rey de España por las Cortes el 22 de noviembre de 1975, dos días después de la muerte del dictador; tras jurar nuevamente, no le quedaba otra que acatar los principios del Movimiento Nacional y las leyes Fundamentales del Estado. Tras este trámite, fue exaltado al trono el 27 de noviembre con una ceremonia de unción llamada Misa del Espíritu Santo (el equivalente a una coronación) celebrada en la histórica iglesia de San Jerónimo el Real de Madrid. De este modo, la instauración prevista por Franco se hizo finalmente efectiva. La situación a la que

Juan Carlos I en el acto de ratificar su jura de los principios del Movimiento Nacional el 22 de noviembre de 1975. El presidente de las Cortes, Alejandro Rodríguez de Valcárcel, fue el encargado de tomarle juramento, cerrando su discurso con aquella célebre coda: «señores procuradores, señores consejeros, desde la emoción en el recuerdo a Franco, nueva era: ¡Viva el rey! ¡Viva España!».

se enfrentaba el nuevo rey era francamente difícil, situado en el ojo del huracán entre los deseos de libertad de su pueblo, animado por los partidos políticos aún clandestinos y el inmovilismo del aparato franquista, con Carlos Arias a la cabeza. Por si esto fuera poco, durante los últimos días de la agonía de Franco, España se había situado justo al borde de la guerra con Marruecos como efecto de las presiones de su rey Hassan II que había enviado la llamada Marcha Verde (población civil marroquí desarmada junto a un amplio contingente militar) a la frontera con el Sáhara español, consiguiendo la retirada de España de aquel vasto territorio desértico, ubicado al sur de Marruecos, herencia del reparto colonial emanado de la Conferencia de Berlín de 1885.

De aquellas noches de tribulación y poco dormir, el rey extrajo algunas determinaciones: la primera, deshacerse cuanto antes de Arias Navarro, que no quería dimitir; la segunda, iniciar las reformas políticas a la mayor brevedad posible. No debían ser medidas muy radicales y, siguiendo el sabio consejo de Fernández-Miranda, decidió reformar el sistema utilizando las propias leyes vigentes. Como el mismo Torcuato le había confesado, se trataba de ir «de la ley a la ley a través de la ley». No se equivocaron. A la vez, los amigos de Juan Carlos, como Manuel Prado y Colón de Carvajal, Nicolás Franco, sobrino del dictador, y Luis Solana redoblaron sus conversaciones con los partidos políticos en la clandestinidad, fundamentalmente el Partido Socialista Obrero Español (PSOE), ahora liderado por el joven Felipe González tras el Congreso de Suresnes (11-13 de octubre de 1974), en el que había reemplazado al dirigente histórico Rodolfo Llopis, y con el Partido Comunista de España (PCE) de Santiago Carrillo. Muy pronto, el proceso hacia la democracia, conocido como Transición política o Transición sin más, sería un hecho. Para muchos, aquel príncipe tristón de verbo nada fácil, aparentemente ignorado por la clase política franquista y a menudo abucheado por el común en los actos públicos, iba a aparecer muy pronto como un rey dotado de una enorme simpatía personal y grandes dosis de mano izquierda; España se volvería mayoritariamente «juancarlista», cautivada por la personalidad de su monarca, que solo ahora, en tan difíciles circunstancias, comenzaba a evidenciarse.

A estas alturas, puede parecer tópico referirse a la Transición española como un proceso modélico, pero esta afirmación sigue siendo cierta. Al fin, se logró

Discurso del rey Juan Carlos I a las Cortes, con motivo de su instauración en el trono. Poco después solicitaría a aquella misma asamblea su autodisolución —entonces se les llamó las Cortes del *hara kiri*—, a fin de iniciar el proceso constituyente.

pasar de una dictadura que se había perpetuado en el poder durante cuarenta años a un sistema de gobierno constitucional y democrático, de forma pacífica y además razonablemente rápida. Y una parte esencial de tanto mérito se debe, sin asomo alguno de duda, a la determinación de Juan Carlos I y al concurso de una serie de personalidades provenientes del mismo franquismo, como el propio Torcuato Fernández-Miranda y Adolfo Suárez, todo un ex secretario general del Movimiento, que, digámoslo así, «encontraron la manera de hacerlo».

El gran problema para iniciar los movimientos era entonces Arias Navarro, partidario, si cabe, de un reformismo apenas cosmético. El rey estaba más que dispuesto a quitárselo de encima. Así, preparando el camino, en una entrevista concedida a la revista estadounidense *Newsweek*, Juan Carlos I calificó a Arias de «*a unmitigated disaster*» («un desastre sin paliativos»). Desde entonces, no cesó en sus presiones hasta obtener su dimisión el 1 de julio de 1976. Una vez liberado del lastre, Torcuato Fernández-Miranda y el rey coinciden en que el elegido para presidir el Gobierno debía ser Adolfo Suárez González, un joven y ambicioso político, que venía apadrinado dentro del régimen por el ministro Fernando Herrero Tejedor y que, al igual que Fernández-Miranda y el propio Herrero, había pasado por la Secretaría General del Movimiento. Para ello, mueven los hilos del Consejo del Reino a fin de que en la preceptiva terna de candidatos se encuentre Suárez, tal y como deseaba el monarca. Junto a él, formarán gobierno personalidades extraídas de las honduras del franquismo, pero imbuidas del mismo espíritu abierto y reformista de Adolfo Suárez: Antonio Ossorio, Rodolfo Martín Villa, Landelino Lavilla, Marcelino Oreja, Fernando Abril Martorell... Apoyados por la encomiable labor del general Manuel Gutiérrez Mellado —sustituto del dimisionario Fernando de Santiago en la Vicepresidencia del Gobierno para Asuntos de la Defensa desde septiembre de 1976— a la hora de sujetar a los elementos más disidentes en las filas del ejército.

El siguiente paso, con Suárez ya en el poder —para sorpresa de todo un país, que aquel 3 de julio de 1976 poco había oído hablar de él, como no fuese por su etapa como director general de la Radio Televisión Española—, era iniciar las reformas «desde dentro» tal y como lo habían planeado. Pero hallar el modo de hacerlo no era precisamente sencillo. El gobierno no encontraba una salida políticamente viable para resolver el problema legal que suponían las leyes Fundamentales. Por suerte, Juan Carlos y Suárez contaban con la experiencia legal de Fernández-Miranda. El profesor se retiró un fin de semana a su casa de la sierra madrileña y allí desarrolló un texto que entregó a Suárez con estas palabras: «Aquí te dejo esto que no tiene padre». Tras leerlo, el presidente del Gobierno lo trasladó al Consejo de Ministros comentando que creía tener la solución al problema. Ese texto se convirtió en la ley para la Reforma Política, que permitiría iniciar los pasos conducentes a la legalización de los partidos y la convocatoria de elecciones en junio de 1977 a fin de nombrar unas Cortes constituyentes. El paso más importante ya estaba dado.

El 22 de junio de 1977, tan solo veinte meses después del nombramiento de Juan Carlos I como monarca, se reunieron las Cortes elegidas por los españoles. En su mensaje de apertura, el rey dejó muy claro que había rematado una etapa y comenzaba una nueva: «La democracia ha comenzado, ahora hemos de tratar de consolidarla». Aquellas palabras no admitían ya vuelta de tuerca. La Constitución emanada de aquellas Cortes fue refrendada por el 87% de los votos emitidos, un verdadero éxito para aquel documento elaborado bajo los presupuestos del concepto más utilizado en aquellos momentos: *consenso*, es decir, un esfuerzo verdaderamente notable de sus redactores para contentar a izquierdas, derechas y nacionalistas, el célebre «café para todos» enunciado por Adolfo Suárez. Su pervivencia en el tiempo, no sin tensiones y aun con todos los peros que quieran otorgársele, habla de lo acertado de su redacción.

Las urnas refrendaron en marzo de 1979 el éxito de Adolfo Suárez y su partido, la Unión de Centro Democrático, formado por una verdadera amalgama de adeptos, que no haría sino desmoronarse en cuanto la estrella de su líder comenzase a declinar. Y aquello sucedió muy pronto, cuando el PSOE, tras plantear en 1980 una dura moción de censura al presidente Suárez, alcanzó la mayoría en intención de voto en todas las encuestas. Suárez, desencantado de todo, terminó dimitiendo el 29 de enero de 1981. Fue, precisamente, cuando se estaba produciendo el debate de investidura de su sucesor, Leopoldo Calvo-Sotelo, cuando

El hombre de la Moncloa, extraordinaria fotografía de
Peter White, tomada cuando Adolfo Suárez
era el personaje del momento para la prensa extranjera,
tras iniciar el proceso aperturista en España.

el rey y la joven democracia española se enfrentaron a
sus peores horas, afrontando el golpe militar del 23 de
febrero de 1981.

Esta obra no puede, ni por espacio ni por intencionalidad, desglosar por lo menudo aquellos acontecimientos que, por otra parte, perviven en la memoria de
muchos españoles. Sí diremos que la irrupción del teniente coronel Antonio Tejero en el Congreso de los
Diputados al frente de un contingente de la Guardia
Civil era el resumen del anhelo de todos aquellos que
deseaban cortar por lo sano con lo que interpretaban
como las miserias de la democracia: la perenne sangría
que suponían las actividades de la banda terrorista y
separatista vasca ETA, el Estado de las Autonomías, que
ni asumían ni comprendían, la presencia del Partido

Comunista en los escaños del Congreso de los Diputados, el supuesto «desgobierno»... y todo lo que quiera sumarse a continuación. El escritor Javier Cercas en su obra de 2009 *Anatomía de un instante* defiende, con razón, las diferentes intencionalidades en los golpistas, desde el puro involucionismo de Tejero y el teniente general Jaime Milans del Bosch, que había sacado los tanques a la calle en Valencia, al gobierno de concentración que al parecer llevaba Alfonso Armada bajo el brazo cuando encaminó sus pasos hacia el Congreso para entrevistarse con el teniente coronel de la Guardia Civil. Ya se sabe, también, que la persona del rey Juan Carlos salió muy reforzada de aquellos acontecimientos, después de pasar muchas horas colgado al teléfono haciendo entrar en razón a capitanes generales e incluso, como sostuvo el historiador español Javier Tusell, a algún que otro coronel. De hecho, el vídeo de su discurso en defensa de la democracia vigente emitido por Televisión Española en torno a la una y media de la madrugada del día 24 confirmó a todo el mundo que el golpe había sido un rotundo fracaso. Las voces que, amparándose en la filiación claramente monárquica de los principales golpistas (Milans, Armada), hablaban entonces y sostienen todavía ahora una posible implicación del rey Juan Carlos en la trama nunca han llegado muy lejos en sus argumentaciones. Por contra, el «juancarlismo» de buena parte de la población española, no necesariamente monárquica, fue un hecho, muy evidente ya desde la primera manifestación en rechazo del golpe encabezada por los líderes políticos.

Nadie duda de que la verdadera consolidación de la democracia española se produce poco después del golpe con la mayoría absoluta obtenida por el PSOE de Felipe González el 28 de octubre de 1982. Desde entonces, y muy afortunadamente, el papel del rey de España y sobre todo su intervención en las cuestiones de Estado se recondujo hacia la normalidad, desempe-

Reunión de los líderes políticos con el rey Juan Carlos I tras el golpe del 23F. Desde la izquierda del monarca se puede ver a Leopoldo Calvo-Sotelo, Miguel Roca, Santiago Carrillo, de espaldas, Felipe González, Adolfo Suárez, Landelino Lavilla, Manuel Fraga y Xabier Arzalluz.

ESPAÑA

¿Por qué no te callas? Impagable imagen de Juan Carlos I mandando callar al presidente venezolano Hugo Chávez, en presencia del presidente del Gobierno español José Luis Rodríguez Zapatero el 10 de noviembre de 2007 en la XVII Cumbre Iberoamericana de Jefes de Estado celebrada en la ciudad de Santiago de Chile. Una de las escasísimas ocasiones en las que el monarca ha mostrado su carácter en público.

ñando con discreción el papel fundamentalmente representativo que le otorga la Constitución de 1978. La no injerencia del rey en los asuntos políticos es, simplemente, noticia de la salud democrática de España. Esto no quiere decir que Juan Carlos I pueda ahora refugiarse en un dorado crepúsculo representando al país fundamentalmente en el exterior —¿cómo olvidar aquel sonoro «¿Por qué no te callas?» espetado en las mismas narices del presidente de Venezuela, Hugo Chávez, en el transcurso de la Cumbre Iberoamericana de 2007?

Como buen Borbón, el rey es muy consciente de que los tiempos cambian y la opinión pública puede mostrarse extremadamente volátil. También sabe que el país es más «juancarlista» que monárquico; nada, ni la natural sucesión por parte de su hijo Felipe de Borbón puede darse por sentado. El ejemplo de los muchos avatares sufridos por sus antepasados debe bastar para comprender que la cuestión dinástica en España es un asunto en permanente debate. La monarquía como tal es un privilegio y tal característica pende como una espada de Damocles sobre la institución. Una institución, además, verdaderamente gruesa a raíz de los matrimonios de los hijos del rey, todos por amor, antes morganáticos. Ni siquiera la sucesión del príncipe Felipe, caso de concebir algún día un varón, está del todo clarificada, puesto que una buena parte de la población se mostraría en contra de la postergación de sus hermanas por el hecho de ser mujeres. Prueba de que el rey Juan Carlos conoce todo esto es la presencia del príncipe Felipe junto a su padre durante la larga noche del 23 de febrero de 1981, un niño de trece años aprendiendo el oficio de rey a pie de obra, todo un símbolo. Tal vez ese sea el camino para sentar las bases de la proverbial supervivencia borbónica, que hemos visto comenzar con una apresurada conversión al catolicismo un tumultuoso 25 de julio de 1593 en París, y atravesar por avatares y exilios sin cuento, para renacer siempre de sus cenizas.

Felipe de Borbón y Grecia, príncipe de Asturias, con su esposa la periodista Letizia Ortiz Rocasolano (con la que contrajo matrimonio el 22 de mayo de 2004 en la madrileña catedral Santa María la Real de la Almudena) y sus hijas las infantas Leonor (nacida en la capital de España el 31 de octubre de 2005) y Sofía (venida al mundo el 29 de abril de 2007 asimismo en Madrid). Don Felipe ha seguido en su formación los pasos de su padre, recibiendo instrucción en la Academia General Militar de Zaragoza, la Escuela Naval Militar de Marín y la Academia General del Aire de San Javier; sin por ello descuidar su formación civil (Derecho en la Universidad Autónoma de Madrid y máster en Relaciones Internacionales en la Edmund Walsh School of Foreign Service de la Universidad de Georgetown). Por todo ello, es tenido por un príncipe que encarna los valores de una monarquía democrática y moderna, que habrá de afrontar los muchos retos institucionales que traerá el futuro; retos que hoy comenzamos solo a atisbar.

Bibliografía general

ANES ÁLVAREZ, Gonzalo. *El Antiguo Régimen: Los Borbones*. Alfaguara. Madrid, 1975.

ARTOLA GALLEGO, Miguel. *El Antiguo Régimen y Revolución liberal*. Barcelona, 1978.

CARR, Raymond. *España, 1808-1975*. Ariel. Barcelona, 2003.

COMELLAS, José Luis. *Historia de España contemporánea*. Rialp. Madrid, 1998.

FUSI, Juan Pablo y PALAFOX, Jordi. *España: 1808-1996. El desafío de la modernidad*. Espasa. Madrid, 1997.

COBO RODRÍGUEZ, Francisco y GRANADOS LOUREDA, Juan A. *Historia de España contemporánea*. Vía Láctea. La Coruña, 1998.

PAREDES, J. (coord.). *Historia contemporánea de España (1808-1939)*. Ariel. Barcelona, 1996.

RUÍZ CORTÉS, F. y SÁNCHEZ COBOS, F. *Diccionario biográfico de personajes históricos del siglo XIX español*. Rubiños. Madrid, 1998.

VV. AA. *Historia de España* [dirigida por Javier Tussell]. Espasa. Madrid, 2004.

Bibliografía específica

INTRODUCCIÓN

GOUBERT, Pierre. *El Antiguo Régimen, 2 vols.* Siglo XXI. Madrid, 1979.

HERRERA GUILLÉN, Rafael (ed.). *Cádiz 1812.* Biblioteca Nueva. Madrid, 2007.

FELIPE V Y LUIS I

CALVO POYATO, José. *Felipe V.* Sarriá. Málaga, 2004.

DANVILA, Alfonso. *Luis I y Luisa Isabel de Orleans: el reinado relámpago.* Alderabán. Madrid, 1997.

ERLANGER, Philippe. *Felipe V, esclavo de sus mujeres.* Ariel. Barcelona, 2003.

KAMEN, Henry. *Felipe V: el rey que reinó dos veces.* Temas de Hoy. Madrid, 2000.

MARTÍNEZ SHAW, Carlos y ALONSO MOLA, Marina. *Felipe V*. Arlanza. Madrid, 2001.

PEREIRA IGLESIAS, José Luis (coord.). *Felipe V de Borbón, 1701-1746, actas del Congreso de San Fernando (Cádiz)*. Fundación Municipal de Cultura - Universidad de Córdoba. San Fernando (Córdoba), 2002.

VIDAL SALES, José Antonio. *La vida y época de Felipe V*. Planeta. Barcelona, 1997.

FERNANDO VI

GÓMEZ URDÁÑEZ, José Luis. *El proyecto reformista de Ensenada*. Milenio. Lérida, 1996.

GÓMEZ URDÁÑEZ, José Luis. *Fernando VI*. Arlanza. Madrid, 2001.

GRANADOS LOUREDA, Juan A. «Nuevas poblaciones y control monárquico, comisarios e intendentes en el Ferrol borbónico (1721-1775)» en *El mundo urbano en el siglo de la Ilustración*, T. II. Xunta de Galicia. Santiago de Compostela, 2009.

GRANADOS LOUREDA, Juan A. *The Dockyard of Ferrol in the 18th century: from A Graña to Trafalgar* en: Actas del *International Congress: Technology of the ships of Trafalgar, an homage to their designers and constructors*. ETSIN. Madrid, 2005.

OZANAM, Didier. *La política exterior de España en tiempo de Felipe V y Fernando VI* en Historia de

España de Menéndez Pidal, Vol. XXIX. Espasa. Madrid, 1999.

OZANAM, Didier. *Representación del marqués de la Ensenada a Fernando VI.* Cuadernos de investigación Histórica, n° IV, 1980.

OZANAM, Didier. *La diplomacia de Fernando VI. Correspondencia reservada de Carvajal con Huéscar.* CSIC. Madrid, 1975.

VOLTES BOU, Pedro. *La vida y la época de Fernando VI.* Planeta. Barcelona, 1996.

CARLOS III

ANES, Gonzalo. *Carlos III y la Ilustración, 1788-1988.* Comisión Nacional Carlos III y la Ilustración. Ministerio de Cultura. Madrid, 1987.

EGIDO, Teófanes. *Opinión pública y oposición al poder en la España del siglo XVIII.* Universitaria. Valladolid, 1971.

ENCISO ALONSO-MUÑUMER, Isabel y CARRASCO MARTÍNEZ, Adolfo. *Carlos III y su época: la monarquía ilustrada.* Carroggio. Barcelona, 2003.

FERNÁNDEZ DÍAZ, Roberto. *Carlos III.* Arlanza. Madrid, 2001.

GUTIÉRREZ DE LOS RÍOS, Carlos, conde de Fernán Núñez. *Vida de Carlos III.* Madrid, 1898.

PALACIO ATARD, Vicente. *Carlos III: el rey de los ilustrados.* Ariel. Barcelona, 2006.

PÉREZ SAMPER, María de los Ángeles. *Carlos III*. Planeta. Barcelona, 1998.

Carlos IV

EGIDO, Teófanes. *Carlos IV*. Arlanza. Madrid, 2001.

GONZÁLEZ SANTOS, Luis. *Godoy*. Sílex. Madrid, 1985.

GRANADOS LOUREDA, Juan A. *El parti pris de Sir John Moore, apuntes para el estudio de la guerra de Independencia en Galicia (1808-1809)*. Nalgures nº 2. La Coruña, 2007.

GRANADOS LOUREDA, Juan A. *Cambios y permanencias en la España preconstitucional, 1808-1812*. Nalgures, nº 5. La Coruña, 2009.

ROJAS, Carlos. *La vida y la época de Carlos IV*. Planeta. Barcelona, 1999.

SECO SERRANO, Carlos. *Godoy, el hombre y el político*. Espasa. Madrid, 1978.

Fernando VII

ARTOLA GALLEGO, Miguel. *La España de Fernando VII*. En Historia de España de Menéndez Pidal, Vol. XXVI. Espasa. Madrid, 1999.

FONTANA LÁZARO, Josep. *La crisis del Antiguo Régimen 1808-1833*. Barcelona, 1983.

LÓPEZ CORDÓN, María Victoria. *La España de Fernando VII*. Espasa. Madrid, 2001.

QUERALT DEL HIERRO, María Pilar. *La vida y la época de Fernando VII*. Planeta. Barcelona, 1999.

SÁNCHEZ MONTERO, Rafael. *Fernando VII*. Arlanza. Madrid, 2001.

TALLEYRAND, M. de. *Memorias*. Sarpe. Madrid, 1985.

ISABEL II

ALEJANDRE SINTES, Luis. *La guerra de la Cochinchina. Cuando los españoles conquistaron Vietnam*. Edhasa. Barcelona, 2006.

---. *La aventura mexicana del general Prim*. Edhasa. Barcelona, 2009.

COMELLAS, José Luis. *Isabel II. Una reina y un reinado*. Ariel-Historia. Barcelona, 1992.

PÉREZ GARZÓN, J. S. y ESPADAS BURGOS, Manuel (eds.). *Isabel II: Los espejos de una reina*. Marcial Pons. Madrid, 2004.

PÉREZ GALDÓS, Benito. *Memoranda*. Perlado, Páez y cía. Madrid, 1906.

RUEDA, Germán. *Isabel II*. Arlanza. Madrid, 2001.

ALFONSO XII

DARDÉ MORENO, Carlos. *Alfonso XII*. Arlanza. Madrid, 2001.

ESPADAS BURGOS, Manuel. *Alfonso XII y los orígenes de la Restauración*. CSIC - Escuela de Historia Moderna. Madrid, 1975.

ESPADAS BURGOS, Manuel, JOVER ZAMORA, José María y GÓMEZ-FERRER MORANT, Guadalupe. *La época de la Restauración (1875-1902)*. En Historia de España de Menéndez Pidal, Vol. XXXVI. Espasa. Madrid, 2000.

MARGARIT, Isabel. *Alfonso XII*. Planeta. Barcelona, 1998.

SECO SERRANO, Carlos. *Alfonso XII*. Crítica. Barcelona, 2007.

VACA DE OSMA, José Antonio. *Alfonso XII y la reina Cristina*. Espasa-Calpe. Madrid, 2005.

ALFONSO XIII

HALL, Morgan C. *Alfonso XIII y el ocaso de la monarquía liberal, 1902-1923*. Madrid, Alianza, 2005.

PUGA, María Teresa. *Alfonso XIII*. Planeta. Barcelona, 1997.

SECO SERRANO, Carlos (coord.). *Alfonso XIII en el centenario de su reinado*. Real Academia de la Historia. Madrid, 2002.

---. *Alfonso XIII*. Arlanza. Madrid, 2001.

TUSSELL, Javier y GARCÍA QUEIPO DE LLANO, Genoveva. *Alfonso XIII: el rey polémico*. Taurus. Madrid, 2001.

Juan Carlos I

ARÓSTEGUI, Julio. *Don Juan de Borbón*. Arlanza. Madrid, 2002.

BURNS MARAÑÓN, Tom y CLEMENTE, Josep Carles. *Juan Carlos I*. Ediciones B. Barcelona, 2003.

CERCAS, Javier. *Anatomía de un instante*. Mondadori. Barcelona, 2009.

GARCÍA ABAD, José. *La soledad del rey: ¿está la monarquía consolidada 25 años después de la Constitución?* La Esfera de los Libros. Madrid, 2005.

GURRIARÁN, José Antonio. *El Rey en Estoril: don Juan Carlos y su familia en el exilio portugués*. Planeta. Barcelona, 2000.

PRESTON, Paul. *Juan Carlos*. Debolsillo. Barcelona, 2004.

TUSELL, Javier. *Juan Carlos I*. Arlanza. Madrid, 2002.

VILALLONGA, José Luis de. *El rey: conversaciones con D. Juan Carlos I de Borbón*. Plaza & Janés. Barcelona, 1994.

Otros títulos

BREVE HISTORIA de...
LOS AUSTRIAS
David Alonso García

La apasionante historia del Imperio español bajo
la dinastía de los Austrias. Desde su expansión mundial
hasta su declive con Carlos II.

nowtilus
saber

Breve historia de los Austrias

La evolución completa de la Monarquía Hispánica desde Carlos V a Carlos II. La historia de la Corte, la vida y la cultura durante la dinastía de los Habsburgo —los Austrias—, que dominó un vasto imperio, el primero a nivel mundial. En este libro, el autor, haciendo uso de su rigor como historiador pero utilizando un estilo sumamente ágil y entretenido, demuestra por qué los Austrias fueron los protagonistas de un tiempo sin el cual no es posible entender el presente. Así, por ejemplo, solo al revisar este periodo de la Historia es posible entender el nacimiento de Holanda y Bélgica o encontrar rezagos de su influencia en lugares tan distantes como Roma, Brujas, las cercanías de Florencia o hasta en Japón.

La mejor virtud de esta obra es poder presentar al lector, con un discurso ameno, una moderna mirada a la Historia tomando en cuenta aquellas consideraciones solo conocidas por los expertos.

Autor: David Alonso García
ISBN: 978-84-9763-759-6

BREVE HISTORIA de la...

GUERRA CIVIL
ESPAÑOLA

Iñigo Bolinaga

La aventura en el Dragon Rapide, el alzamiento en el Marruecos Español,
Guernica, la batalla de Madrid, el Ebro... Las causas, los episodios, los personajes y
los escenarios clave de la guerra que permitió a Franco dirigir el rumbo de España.

nowtilus

BREVE HISTORIA DE
LA GUERRA CIVIL ESPAÑOLA

17 de Julio de 1936. Los militares más conservadores del Ejército se levantan contra el gobierno de la República. Se inicia un periodo de tres sangrientos años de guerra civil que dividió el país enfrentando a republicanos y nacionales. Descubre las causas, los hechos, las batallas y los personajes del conflicto bélico que asoló España entre 1936 y 1939.

Breve Historia de la Guerra Civil Española es un libro imprescindible para todo aquel que quiera tener un conocimiento global del conflicto español. Íñigo Bolinaga con su habitual estilo ameno y didáctico ha conseguido reunir todos los elementos tanto económicos como políticos y militares imprescindibles para el análisis y la comprensión de la contienda que marcó la historia de España.

Autor: Íñigo Bolinaga
ISBN: 978-84-9763-579-0

Made in the USA
Coppell, TX
12 January 2022

71497040R00162